Klaus Wilkerling

Aquarienfibel

KLAUS WILKERLING

Aquarienfibel

Fische und Pflanzen im Süßwasseraquarium

Aktualisierte Neuausgabe

KOSMOS

Mit 92 Farbaufnahmen von Klaus Wilkerling (Tafel I– XII) und Gerhard Brünner (Tafel XIII–XVI) sowie 50 Schwarzweißzeichnungen von A. Bauer (Bildnummer 1–38 und 47–50) und aus W. Engelhardt, „Was lebt in Tümpel, Bach und Weiher?“ (Bildnummer 39–46).

Umschlaggestaltung von eStudio Calamar unter Verwendung von 8 Farbaufnahmen von Burkard Kahl.

Bibliografische Information Der Deutschen Bibliothek
Die Deutsche Bibliothek verzeichnet diese Publikation in der Deutschen Nationalbibliografie; detaillierte bibliografische Daten sind im Internet über http://dnb.ddb.de abrufbar.

KOSMOS Postfach 10 60 11
D-70049 Stuttgart
TELEFON +49 (0)711-2191-0
FAX +49 (0)711-2191-422
WEB www.kosmos.de
E-MAIL info@kosmos.de

Alle Angaben in diesem Buch erfolgen nach bestem Wissen und Gewissen. Sorgfalt bei der Umsetzung ist indes dennoch geboten. Der Verlag und der Autor übernehmen keinerlei Haftung für Personen-, Sach- oder Vermögensschäden, die aus der Anwendung der vorgestellten Materialien und Methoden entstehen könnten.

Gedruckt auf chlorfrei gebleichtem Papier

3., aktualisierte Auflage 2004

ISBN 3-440-09470-7
Printed in Czech Republic / Imprimé en République Tchèque

Die Aquarienfibel

Vorwort

Die Aquaristik gewinnt in unserer heutigen Zeit immer mehr an Bedeutung, gerade weil viele im Berufsleben der technisierten Welt stehende Menschen in ihrer Freizeit nach einem Hobby streben, das ihnen ein wenig hilft, das Defizit an Naturerlebnis im Arbeitsprozess auszugleichen. Die Beschäftigung mit dem Aquarium ist außerordentlich entspannend. Viele begeisterte Aquarianer behaupten, daß die Beobachtung der Lebensvorgänge hinter Glas interessanter sei als jedes Fernsehprogramm.

Ein Aquarium so richtig erleben werden Sie aber nur dann, wenn Sie auch bereit sind, sich mit Ihren Pfleglingen näher vertraut zu machen. Wer das, was sich im Aquarium abspielt, nicht deuten, nicht verstehen kann, der wird nicht mehr aufnehmen als nur ein schönes, aber oberflächliches Bild munter umherschwimmender Fische. Es versteht sich von selbst, daß ein solches, nur als Dekorationsstück verstandenes Aquarium auf Dauer seinen Reiz verliert.

So liegt in der Aquarienkunde eine besonders wichtige Erziehungsfunktion, deren Wert darin besteht, in hohem Maße Verständnis für Naturzusammenhänge zu vermitteln.

Der Aquarianer setzt sich mit einem abgeschlossenen, überschaubaren Lebensraum auseinander. Sofern er sein Hobby ernsthaft betreibt, eignet er sich dabei, mehr oder weniger bewusst, biologische, ökologische, chemische und auch physikalische Grundkenntnisse an. Schon nach einigen fehlgeschlagenen „Experimenten“ erkennt er sehr deutlich, wie gefährlich es ist, im Gleichklang der Natur auch nur ein Mosaiksteinchen zu verändern.

Wenn auch in einem Aquarium das sogenannte biologische Gleichgewicht kaum oder nur mit großem Aufwand hergestellt werden kann, so erfährt der Aquarianer jedoch die einer Veränderung des Zustands folgende Kettenreaktion mit den oft verheerenden Auswirkungen auf den von ihm geschaffenen Lebensraum.

Die Aquarienfibel soll dem Anfänger den Einstieg in

dieses schöne Hobby erleichtern und vermittelt das nötige Grundwissen über die erfolgreiche Pflege von Fischen und Wasserpflanzen auf leicht verständliche Weise. Dieses Buch soll dazu beitragen, typische Anfängerfehler zu vermeiden, die letztendlich dazu führen, daß nach schon kurzer Zeit der Spaß am Aquarium verloren geht, weil es einfach nicht klappen will. Aber auch aus einem anderen wichtigen Grund sollte man sich vor der Anschaffung eines Aquariums mit den Grundregeln der Pflege von Fischen vertraut machen: es sind lebende Kreaturen, mit denen Sie umgehen, und die Verantwortung diesen gegenüber gebietet, daß sie tiergerecht gehalten werden. Fische sind keine Verbrauchsgegenstände. Sie stellen Ansprüche an das Wasser, die Einrichtung und an die passende Vergesellschaftung mit anderen Aquarienbewohnern. Über diese Ansprüche muss sich ein verantwortungsvoller Pfleger vorher informieren, um sie erfüllen zu können, wenn er sich nicht dem Vorwurf der Tierquälerei aussetzen will.
Haben Sie den erfolgreichen Einstieg in das neue Hobby „Aquaristik" mit Hilfe dieses Buches gefunden, so werden Sie sicherlich nach einiger Zeit mehr erfahren wollen und streben nach mehr Detailinformationen. Es gibt eine Menge guter weiterführender Literatur und auch interessante Fachzeitschriften – wenn Sie aber einen Aquarienverein in der Nähe haben, dann sollten Sie einmal dort vorbeischauen. Es gibt nichts Informativeres als ein Gespräch mit „alten Hasen", die Ihnen aus ihrem reichen Erfahrungsschatz viel Wissenswertes vermitteln können und Ihnen bei Problemen mit Rat und Tat zur Seite stehen. Schauen Sie sich Aquarienausstellungen an und Sie werden Ideen für die prachtvolle Gestaltung von Aquarien in Hülle und Fülle mit nach Hause nehmen.
Ich wünsche Ihnen viel Freude und viele interessante Stunden bei der Beschäftigung mit Ihrem neuen Hobby!

Klaus Wilkerling

Was vor der Anschaffung eines Aquariums zu berücksichtigen ist

Der Entschluß, sich Haustiere in die Wohnung zu holen, sollte niemals spontan gefaßt und sofort in die Tat umgesetzt werden. Die Verantwortung gegenüber dem Tier erfordert vielmehr eine sorgfältige Überprüfung, um tatsächlich auch alle Voraussetzungen schaffen zu können, damit eine sachgerechte Pflege auf die Dauer sichergestellt ist. Die Erfahrung zeigt, daß sehr häufig die anfängliche Begeisterung für die gepflegten Tiere nach einigen Wochen spürbar nachläßt und ihnen dann nicht mehr die erforderliche Aufmerksamkeit gewidmet wird. Lebende Tiere sind kein Spielzeug, das, nachdem es den Reiz des Neuen verloren hat, einfach in die Ecke gestellt werden kann.

Bevor man sich Haustiere anschafft – dazu gehören auch die Aquarienfische – müssen deren Pflegeansprüche genauestens bedacht werden.

Aquarienfische machen da keine Ausnahme. Die unumgängliche, regelmäßige Pflege des Aquariums, die am Anfang sogar Spaß machte, wird nach einigen Monaten als Last empfunden. Die Fische fristen dann unbeachtet ein »Mauerblümchendasein« und gehen nach und nach ein.

Der Zeitaufwand

Vor der Anschaffung eines Aquariums stellt sich somit die erste Frage: Bin ich auf Dauer bereit, durch sachgerechte Wartung meinen neuen Pfleglingen die bestmöglichen Lebensbedingungen zu schaffen?
Diese Frage muß jeder für sich selbst beantworten. An dieser Stelle sei zur besseren Entscheidungsfindung kurz klargestellt, welcher Pflegeaufwand erforderlich ist, um ein Aquarium ordnungsgemäß zu versorgen. Auf die notwendigen Pflegearbeiten im einzelnen wird an einer anderen Stelle der Aquarienfibel näher eingegangen werden.

Der Pflegeaufwand: alle 14 Tage etwa 1/2 bis 3/4 Stunde für den Wasserwechsel und die Reinigung. Täglich etwa 1/4 Stunde für Fütterung und kleine Wartungsarbeiten.

Die Reinigungsarbeiten, im Turnus von zwei Wochen, betreffen vor allem den Austausch von einem Drittel des Aquarienwassers. Dabei saugt man gleichzeitig den Mulm vom Bodengrund ab und reinigt den Filter und die Sichtscheibe. Der Zeitaufwand dafür beträgt bei einem Becken mittlerer Größe mit einer Kantenlänge von 1 m in etwa eine halbe bis Dreiviertelstunde. Für die Fütterung der Fische und kleinere Wartungsarbeiten muß man täglich etwa eine Viertelstunde ansetzen. Das ist der Zeitaufwand, der im Minimum aufgebracht werden muß. Natürlich kann und wird der begeisterte Liebhaber seinem Aquarium weitaus mehr Zeit schenken, aber er empfindet das nicht als Last, sondern als eine willkommene Entspannung.

Die Kosten

Die Kosten für ein 100- bis 120-Liter-Aquarium betragen etwa 20 € im Monat für Strom und andere Kosten.

Die Kostenfrage sollte genau überlegt werden. Die Beleuchtung, die Heizung und die Filteranlage verbrauchen Strom, zudem sind auch die laufenden Ausgaben für Futter, Pflegemittel und Ergänzungen des Fischbesatzes und des Pflanzenbestandes zu berücksichtigen. Der Stromverbrauch für ein 100-Liter-Aquarium beträgt im Monat zwischen 25–30 Kilowattstunden, vorausgesetzt das Aquarium steht in einem normal beheizten Raum. Darin enthalten ist der Energiebedarf für die Beleuchtung (40 W), des Motorfilters (8 W) und eines 150-W-Heizstabes.
Nach den heutigen Strompreisen fallen also rundgerechnet monatlich 7,– € an. Dazu müssen dann noch in etwa durchschnittlich 13,– € monatlich gerechnet werden, um die oben genannten weiteren Kosten abzudecken. Damit beträgt der monatliche Kostenaufwand etwa 20,– €, wobei in dieser Summe nicht einmalige größere Anschaffungen für das Aquarium enthalten sind.

Haftung für Schäden

Im allgemeinen sind die modernen Aquarien und ihr Zubehör so sicher konstruiert, daß kaum Schäden zu erwarten sind. Indes sollte der vorsichtige Aquarianer einkalkulieren, daß auch ihm ein Fehler unterlaufen kann. Denken Sie nur einmal daran, daß durch einen Unglücksfall eine Aquarienscheibe springt und das Wasser in die gute Stube ausläuft - und das womöglich noch im Dachgeschoß! Abgesehen vom eigenen Schaden an Möbeln, Teppichen usw. werden mit Sicherheit auch die darunterliegenden Wohnungen in Mitleidenschaft gezogen, und im Nu sind ein paar tausend Mark an Schaden zusammen, für den Sie haftbar gemacht werden.

In einer Mietwohnung empfiehlt sich der Abschluß einer Haftpflichtversicherung, die Schäden durch auslaufendes Wasser abdeckt.

Der Abschluß einer Haftpflichtversicherung, die dieses Schadensrisiko umfaßt, ist daher anzuraten. Bei schon bestehenden Haftpflichtversicherungen ist es notwendig, sich die Abdeckung dieses Risikos durch die Versicherungsgesellschaft bestätigen zu lassen, damit Sie auch wirklich abgesichert sind. Den Eigenschaden übernimmt die Haftpflichtversicherung aber nicht, sie kommt nur für den Schaden auf, der anderen zugefügt wird. Eine Hausratsversicherung deckt diesen Eigenschaden nur dann ab, wenn dieses Risiko ausdrücklich mit in den Versicherungsschutz einbezogen ist, was sich aber auch deutlich auf die Versicherungsprämie niederschlägt. Liebhaber, die sich einem dem Verband Deutscher Vereine für Aquarien- und Terrarienkunde e. V. (VDA) angehörigen Aquarienverein angeschlossen haben, brauchen sich hinsichtlich der Versicherungsfragen keine Gedanken zu machen. Mit ihrem Mitgliederbeitrag an den Verein genießen sie automatisch den vom VDA gebotenen Haftpflichtversicherungsschutz für die mit dem Betrieb von Aquarien verbundenen speziellen Gefahren. Sie können sich aber auch preisgünstig gegen Ihren Eigenschaden versichern, und dabei wird sogar das zu Bruch gegangene Aquarium ersetzt, falls die Reparaturkosten die Kosten einer Neuanschaffung übersteigen.

Mitglieder eines dem VDA angeschlossenen Aquarienvereins sind haftpflichtversichert.

Will man diese Versicherungsleistung durch den Abschluß von Einzelverträgen erlangen, dann ist die Gesamtprämie um ein Vielfaches höher als der voraussichtliche Mitgliederbeitrag in einem Aquarienverein, der im allgemeinen zwischen drei und fünf Mark im Monat beträgt.

Gedanken über Gewicht und Größe

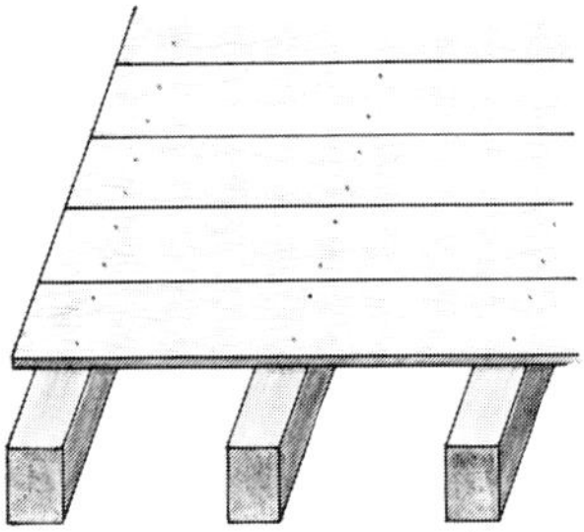

Bild 1: Der Fußboden vieler Altbauwohnungen besteht aus einer Holzbalkendecke. Sie ist so konstruiert, daß über Auflagebalken (durchschnittlich im Abstand von 60 cm) Dielenbretter gelegt werden. An der Vernagelung der Dielen (Längsrichtung) erkennt man die Lage der Auflagebalken.

Wer mit einem sehr großen Becken liebäugelt, darf das Gewicht des Wassers nicht außer acht lassen. Ein Aquarium mit den Maßen von 1,50 m x 0,50 m x 0,50 m wiegt voll eingerichtet gut und gerne 400 Kilogramm, und das kann unter Umständen bei einer Holzbalkendecke in einem Altbau Schwierigkeiten geben. Steht so ein großes Aquarium mitten im Raum, dann kann die punktuelle Belastung durch das hohe Gewicht ein Durchbiegen des Fußbodens bewirken. Das Aquarium ist daher besser an einer Wand aufgehoben und sollte immer so gestellt werden, daß das Gewicht auf zwei tragenden Balken ruht und nicht etwa dazwischen, sonst riskieren Sie, daß die Füße des Untergestells durch die Dielenbretter brechen. Unter Umständen empfiehlt es sich, das Gewicht über eine besondere stabile Tragplatte etwas besser zu verteilen. Das wird bei Altbauten dann erforderlich werden, wenn die dort meist mit 150-200 kg pro Quadratmeter zulässige Deckenbelastung erreicht wird. Diese Tragplatte sollte dann größer gewählt werden als die Stellfläche für das Aquarium, damit das Gewicht auf eine größere Fläche verteilt wird. Die Tragplatte hat noch einen weiteren Vorteil: Sie mindert die Gefahr, daß Dielenbretter durchbrechen, wenn die Standfüße des Untergestells nicht auf einem Tragbalken stehen.

Bei besonders großen Aquarien muß im Zweifelsfalle

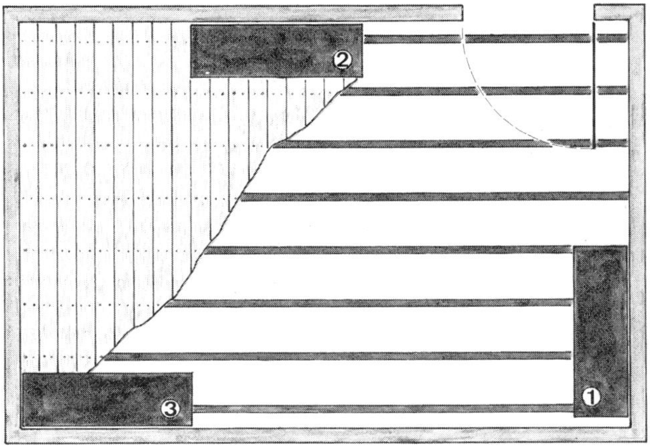

*Bild 2: Aufsicht auf eine Holzbalkendecke.
1: Das Aquarium hat einen idealen Standort, da es quer zum Balkenverlauf steht.
2: Ungünstiger Standort. Das Aquarium steht längs auf Balkenmitte, unter hohem Gewicht könnte er sich durchbiegen.
3: Der Standort ist insofern besser als 2, da das Aquarium nicht auf Balkenmitte, sondern in einer Ecke steht. Die Stabilität des Balkens ist dadurch erhöht.*

die Tragfähigkeit der Decke besonders bei Altbauten statisch nachgeprüft werden.
Berücksichtigen Sie, daß ein großes Aquarium eventuell durch enge Treppenauf- oder -abgänge transportiert werden muß, um es an seinen Aufstellungsort zu bringen. Nicht daß es Ihnen so geht wie jenem Aquarianer, der sich auf sein 1,80 m langes Aquarium freute und nachgerade mit Entsetzen feststellen mußte, daß es wegen seiner Ausmaße gar nicht durch den schmalen Treppenabgang zu bugsieren war.

Der richtige Standort

Früher stellte man die Aquarien bevorzugt in unmittelbarer Nähe zu einem Fenster auf, damit die Pflanzen genügend Licht bekamen. Heute ist das nicht mehr notwendig. Dank der modernen Beleuchtungstechnik ist der Aquarianer nicht mehr auf das Tageslicht für den Pflanzenwuchs angewiesen. Er kann es sich daher leisten, das Aquarium in der dunkelsten Ecke des Raumes aufzustellen. So schlägt man zwei Fliegen mit einer Klappe: Erstens wird die dunkle Ecke durch das beleuchtete Becken aufgehellt, und zweitens kommt ein Aquarium in einer dunkel gehaltenen Umgebung besser zur Geltung als an einem hellen Standort.
Fällt Sonnenlicht direkt ins Aquarium, hat das den Nachteil, daß die Scheiben schneller veralgen und das Aquarienwasser im Sommer unnötig aufgeheizt wird. Kleinere Aquarien können meist problemlos untergebracht werden: Sie finden Platz auf einer Kommode oder auf einem Tisch, aber auch in einem stabilen Regal.
Es empfiehlt sich, die rahmenlosen (silikonkautschukgeklebten) Aquarien auf eine Unterlage zu stellen: Gut geeignet sind Styroporplatten (1 - 2 cm stark) oder Filzmatten; sie gleichen eventuell auftretende Spannungen an der Bodenscheibe aus. Spannungen treten besonders dann auf, wenn die Aufstellfläche nicht stabil genug ist und sich unter dem Druck des Aquariums durchbiegt. Beachten Sie auch, daß die Auflage waagrecht ist, denn sonst läuft der Wasserspiegel nachher nicht parallel zum Beckenrand.
Größere Aquarien - etwa ab einer Kantenlänge von 80

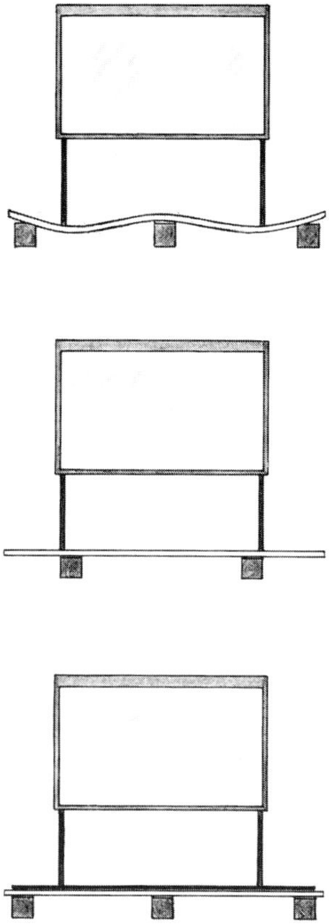

*Bild 3: Plazierung eines Aquariums auf einer Holzbalkendecke.
Oben: Falscher Standort!
Mitte: Richtig! Das Untergestell des Aquariums ruht auf den Auflagebalken.
Unten: Muß das Aquarium aus Platzgründen zwischen zwei Auflagebalken gestellt werden, dann sollte das Untergestell mit Brettern unterlegt werden, die den Druck verteilen.*

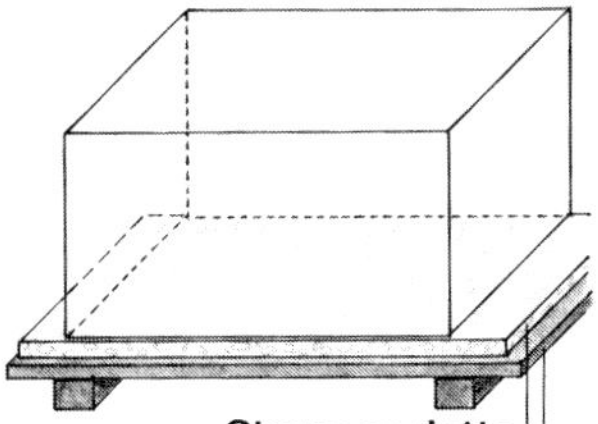

Bild 4: Bei rahmenlosen Aquarien empfiehlt es sich, eine 1 - 2 cm starke Styroporplatte oder Filzmatte zu unterlegen, damit eventuelle Spannungen an der Bodenscheibe ausgeglichen werden.

cm - brauchen einen speziellen Untersatz. Der Zoofachhandel bietet Aquarienuntergestelle aus Vierkantrohr an oder auch verkleidete Unterschränke. Natürlich kann man ein großes Aquarium auch auf einen gemauerten Sockel stellen.
Ganz egal, wo und wie Sie das Aquarium auch immer plazieren, Sie brauchen auf jeden Fall eine Dreifachsteckdose in der Nähe für die Beleuchtung, den Heizer und die Filteranlage.

Tafel I (von links nach rechts)

Bild 1: Der Spritzsalmler, Copella arnoldi, laicht außerhalb des Wassers an überstehenden Pflanzenblättern ab. Das Männchen übernimmt die Brutpflege: Es bespritzt das Gelege mit Wasser, damit es nicht austrocknet.

Bild 2: Der Rote Neon, Paracheirodon axelrodi, gehört zu den beliebtesten Zierfischen. Er liebt weiches Wasser und ein mit Schwimmpflanzen abgeschattetes Aquarium.

Bild 3: Der Bodensalmler, Characidium fasciatum, erinnert an einen »Grundel-Schmerlen-Verschnitt«, er ist ein interessanter und dankbarer Pflegling.

Bild 4: Der Rubinsalmler, Aphyocharax rathbuni, entfaltet seine volle Farbenpracht nur in weichem, leicht saurem Wasser. Diese Art eignet sich für Kleinaquarien.

Bild 5: Der Schwanzflecksalmler, Aphyocharax paraguayensis, bildet einen Kontrast zum Rubinsalmler. Beide Arten lassen sich gut zusammen pflegen.

Bild 6: Der Schwarze Neon, Hyphessobrycon herbertaxelrodi, ist ein unproblematischer Pflegling. Er gehört zu den Allesfressern und kann in weichem bis mittelhartem Wasser gepflegt werden.

Das Aquarium - ein Dekorationsstück

Ein gut gestaltetes und gepflegtes Aquarium wirkt im Wohnraum besonders dekorativ. Solch ein Becken wird zum beherrschenden Blickpunkt und gibt dem Raum eine besondere Note. Es strahlt zugleich Ruhe und Behaglichkeit aus. Der Faszination einer gekonnt eingerichteten Unterwasserwelt kann sich kein Mensch entziehen, denn sie spricht in ihm Urinstinkte an.
Seit jeher übt das Wasser eine magische Anziehungskraft auf den Menschen aus. Das Rauschen des Meeres, das Plätschern eines Baches werden von uns allen als beruhigend empfunden. Psychologen führen dieses Phänomen darauf zurück, daß die Entwicklung des Menschen - wie die eines jeden Lebens - untrennbar mit dem Element Wasser verbunden ist.
Ohne Wasser kann kein Leben existieren, und alle landbewohnenden Lebewesen haben sich aus dem Wasser heraus entwickelt.

Das Aquarium als Zimmerschmuck

Das Aquarium wirkt dann als Zimmerschmuck, wenn es sich in die Einrichtung einfügt und keinen Stilbruch verursacht. Eine gute Integration des Aquariums ist daher sehr wichtig. Das Aquarium ist passend zur vorhandenen Wohnungseinrichtung zu verkleiden, damit nicht die notwendige Technik den Gesamteindruck stört. Hier bietet der Zoofachhandel Aquarienvitrinen an, in die das Becken eingebaut ist. Diese Vitrinen haben einen Unterschrank, in dem nützliche Gerätschaften untergebracht werden können. Das Aquarium selbst ist mit einem Seitenteil in die Vitrine eingepasst, in dem die Filteranlage untergebracht werden kann. Zudem hat die Vitrine eine Abdeckung, in die die Beleuchtung eingebaut ist. Wer handwerklich begabt ist, kann sich so eine Vitrine selbst bauen.

Tafel II
(von links nach rechts)

Bild 7: Der Blutsalmler, Hyphessobrycon callistus, zählt zu den altbewährten Aquarienfischen. Das hübsche Schwarmfischchen stammt aus dem Paraguaybecken und wird etwa 4 cm lang.

Bild 8: Männchen und Weibchen des Schmucksalmlers, Hyphessobrycon bentosi, lassen sich gut unterscheiden: Den Männchen fehlt der porzellanweiße Fleck in der Rückenflosse.

Bild 9: Der Zitronensalmler, Hyphessobrycon pulchripinnis, zeigt nur im weichen Wasser seine hübsche Färbung.

Bild 10: Der Schlußlichtsalmler, Hemigrammus ocellifer, ist ein friedlicher Schwarmfisch und für das Gesellschaftsbecken besonders geeignet.

Bild 11: Der Rotaugen-Moenkhausia, Moenkhausia sanctaefilomenae ist leicht zu pflegen und daher empfehlenswert für das Anfängerbecken.

Bild 12: Der Sternflecksalmler, Pristella maxillaris, gehört zu den friedlichen Schwarmfischen, seine schönsten Farben zeigt er jedoch nur im weichen Wasser.

Das Aquarium als Raumteiler

Raumteileraquarien brauchen eine besondere Tiefe, weil sie 2 Sichtscheiben haben.

Ein größeres Aquarium kann, wenn es geschickt plaziert wird, als Raumteiler fungieren, beispielsweise zwischen dem Wohn- und Eßbereich. Solche Aquarien haben oft eine besondere Wirkung. Sie sind aber nicht ganz einfach zu gestalten, denn man muß berücksichtigen, daß diese Aquarien zwei Frontscheiben haben. Ein Aquarium, das in einer Ecke oder in einem Regal steht, hat dagegen nur eine Sichtscheibe und einen Hintergrund. Der Hintergrund bei einem Raumteilerbecken wird dagegen für beide Sichtscheiben praktisch in die Mitte verlegt.

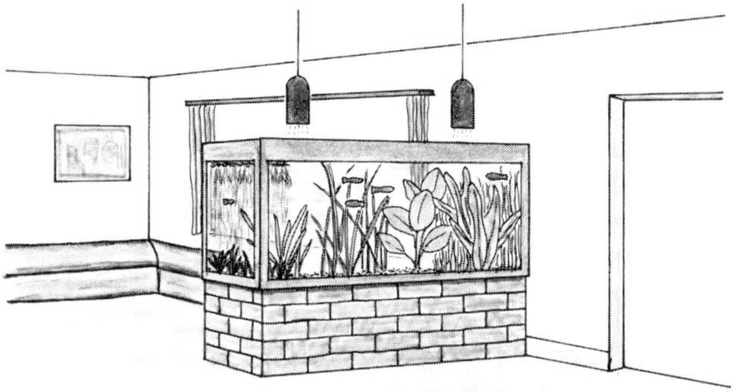

Bild 5: Größere Aquarien können auch als Raumteiler fungieren. Besonders wirkungsvoll ist es, ein solches Aquarium nicht mit einer Abdeckleuchte zu versehen, sondern offen zu lassen. Die Beleuchtung erfolgt dann durch Quecksilberdampflampen.

Ist das Raumteileraquarium länger als 1 Meter, dann sollte es mindestens eine Tiefe von 60 cm aufweisen, damit es spannungsvoll gestaltet werden kann.
Besonders wirkungsvoll ist es auch, ein solches Becken nicht mit einer Abdeckleuchte zu versehen, sondern offen zu lassen. Die Beleuchtung erfolgt dann durch die entsprechende Anzahl von Quecksilberdampflampen, die wie Tiefstrahler von der Zimmerdecke herabhängen. So können Wasserpflanzen aus dem Becken herauswachsen und auch zum Blühen gebracht werden.

In zentralbeheizten Räumen verbessern offene Aquarien das Raumklima.

Die Verdunstung des Wassers, so hat die Erfahrung gezeigt, ist keinesfalls ungünstig - im Gegenteil: die meist zentralbeheizten Wohnräume sind in der Regel zu trocken, und die Wasserverdunstung aus dem Aquarium trägt so zur Verbesserung des Raumklimas bei. Natürlich darf man ein solches Aquarium nicht mit Fischen besetzen, die besonders gern springen, weil wir

sonst sehr bald unseren Fischbesatz vertrocknet auf dem Teppich wiederfinden.
Bei der Neubesetzung offener Aquarien ist immer Vorsicht geboten. Auch Fische, die ansonsten nicht wegen ihrer Springkünste berüchtigt sind, schießen in der Eingewöhnungsphase bei jeder Beunruhigung kopflos durch das Wasser und manchmal auch über den Beckenrand hinaus. In der Eingewöhnungsphase empfiehlt es sich daher, das Aquarium mit einem Netz abzudecken.

Das Paludarium

Das Paludarium oder Sumpfaquarium gliedert sich in einen Land- und einen Wasserteil, beide Zonen können individuell und spannungsvoll gestaltet werden. Man kann dort Miniurwald und Uferlandschaft kombinieren. Wer so etwas verwirklichen will, muß allerdings entweder selbst das notwendige handwerkliche Können mitbringen oder einen Fachmann mit der Ausführung beauftragen.

Die verschiedenen Aquarientypen

Wie man die Unterwasserwelt selbst gestaltet, bleibt dem eigenen Geschmack überlassen, wobei allerdings auf die besonderen Ansprüche der Fische Rücksicht genommen werden muß. Im allgemeinen unterscheidet man fünf verschiedene Arten von Aquarien: das Gesellschaftsaquarium, das Artenbecken, das Biotopaquarium, das Holländische Pflanzenbecken und schließlich das Zuchtaquarium, das allerdings bei dieser Aufzählung ein wenig aus dem Rahmen fällt und deshalb später in dem Kapitel über Zucht von Aquarienfischen (Seite 135) näher beschrieben wird.
In einem **Gesellschaftsaquarium** werden Fische und Pflanzen unterschiedlicher Herkunft und Lebensweise gemeinsam gehalten. Aquarien dieser Art sind weit verbreitet, mit Sicherheit sind die meisten Becken in unseren Wohnzimmern als Gesellschaftsaquarien eingerichtet. Besonders für den Anfänger empfiehlt es sich, mit einem solchen Becken zu beginnen. Aus diesem Grun-

Die unterschiedlichen Aquarientypen:
- **das Gesellschaftsbecken**
- **das Artenbecken**
- **das Biotopaquarium**
- **das Holländische Pflanzenbecken**
- **das Zuchtaquarium**

de soll das Gesellschaftsaquarium an dieser Stelle etwas näher und ausführlicher betrachtet werden. Vorweg sei angemerkt, daß das Gesellschaftsaquarium von manchen »fortgeschrittenen« Aquarianern gerne belächelt wird. Sie wollen uns lehren, daß nicht das Sammelsurium von Fischen und Pflanzen das A und O der Aquaristik sei, sondern die artgerechte Pflege einer Fischart in einem ganz auf ihre Herkunft und ihre besonderen Bedürfnisse abgestimmten Artenbecken, quasi in einem der Natur abgelauschten Biotop.

Artgerechte Pflege und Gesellschaftsaquarium müssen sich nicht zwangsläufig ausschließen.

Ich muß gestehen, daß auch mir beim Anblick mancher bar jeder Sachkenntnis eingerichteter Gesellschaftsaquarien der kalte Schauer des Entsetzens über den Rücken gelaufen ist, aber das ist kein Grund, den Gedanken des Gesellschaftsbeckens an sich zu verwerfen. Genausowenig wie sich artgerechte Pflege und Gesellschaftsaquarium nicht zwangsläufig ausschließen müssen, braucht auch ein Artenbecken nicht immer ein hundertprozentiges Spiegelbild der Natur zu sein. Würden wir den natürlichen Lebensraum unserer Zierfische genauestens in unsere Aquarien projizieren, so wäre die Enttäuschung sicherlich oft riesengroß. Nicht immer entspricht nämlich dieser natürliche Lebensraum unseren ästhetischen Vorstellungen.

Das Gesellschaftsaquarium ist ein Kompromiß zwischen unserem persönlichen Geschmack und den Pflegeansprüchen der Fische.

Wenn wir also Fische halten, dann müssen wir Kompromisse finden - wir müssen dem Fisch bieten, was er braucht, und gleichzeitig auch die Wünsche unserer Augen befriedigen. Ein höhlenbewohnender Fisch würde sich beispielsweise in einer auf dem Gewässerboden liegenden rostigen Konservendose durchaus pudelwohl fühlen, während allein schon der Gedanke an eine Konservendose im Aquarium unerträglich ist.

Wenn wir also schon in dieser Hinsicht Zugeständnisse machen müssen, warum darf dann die südamerikanische Amazonasschwertpflanze nicht neben einem südostasiatischen Wasserkelch stehen, der Neonfisch nicht den Weg der Keilfleckbarbe kreuzen? Es kann doch nur eines wichtig sein: die Fische so zu halten, daß sie ihre natürlichen Verhaltensweisen weitgehend entfalten können, und das kann auch in einem Gesellschaftsbecken ohne weiteres gewährleistet sein. Wir müssen nur schon bei der Einrichtung von vornherein den zukünftigen Besatz bedenken und Fische miteinander vergesellschaften, die auch wirklich zueinander passen.

Den Fischen ist es schnurzegal, ob ihre Nachbarn aus Südostasien, Südamerika oder Afrika kommen oder ob sie den Salmlern, Barben oder Barschen zuzuordnen sind. Sie berührt nur eines, nämlich ob der Nachbar das gleiche Territorium beansprucht, ob er ihnen mit seinem hektischen Gehabe mächtig auf die Nerven fällt oder ob er gar danach trachtet, ihnen ans Leder zu gehen. So gehört denn zur Einrichtung eines Gesellschaftsaquariums schon ein wenig sachkundige Planung.

Der Fischbesatz eines Gesellschaftsaquariums muß immer vorher geplant werden.

Bei der Gestaltung eines Gesellschaftsbeckens sollte man die drei Etagen eines Aquariums ausnutzen: den Bodenbereich, die mittlere und die obere Wasserschicht. Jede Etage kann mit Fischen besiedelt werden, die sich kaum ins Gehege kommen. Das Aquarium ist durch das Dekorationsmaterial zu gliedern, um den Bedürfnissen seiner Bewohner entgegenzukommen. Pflanzenbereiche und freier Schwimmraum sollen einander abwechseln. Häufig sieht man Gesellschaftsaquarien, in denen einzelne Pflanzen mehr oder weniger wahllos über das ganze Becken verteilt sind. Abgesehen von dem so entstehenden Kraut-und-Rüben-Eindruck erfüllen so die Pflanzen nicht den Zweck, den Fischen bei Beunruhigung als Zufluchtsstätten zu dienen.

Die Pflanzen sollten daher besser zu einigen dichteren Gruppen zusammengefaßt werden. Das wirkt nicht nur optisch besser, sondern ist auch für die Fische funktionsgerechter.

Stengelpflanzen nicht einzeln setzen, sondern zu dichten Gruppen zusammenfassen!

Wichtig ist auch die richtige Gestaltung des Bodengrundes, weil bodengebundene Fische oft Reviere bilden und sich daher an den Grenzen ihres Territoriums orientieren. Jene Grenzen können wir durch eine geschickte Gliederung des Bodens festlegen und damit die Reviere von vornherein abstecken.

Schließlich ist auch zu beachten, daß die Fische der untersten Etage einen Bodengrund vorfinden, der ihren Lebensgewohnheiten entgegenkommt. Panzerwelse aus der Gattung *Corydoras* sind wohl in jedem Gesellschaftsbecken anzutreffen, weil sie possierlich und nützlich zugleich sind. Da sie sich ihr Futter auf dem Untergrund suchen, brauchen sie einen feinkörnigen Boden aus Flußsand oder zumindest aus Kies feinster Körnung. Es wäre ein grundlegender Fehler, Welse in einem Becken mit scharfkantigem, grobem Bodengrund, etwa

Für Panzerwelse niemals einen scharfkantigen groben Bodengrund verwenden!

aus gemahlenem Lavagestein, zu halten. Die Welse würden sich in kurzer Zeit an den Barteln verletzen und sie schließlich ganz verlieren.

Ohne Plan geht es also nicht. Wer ein Gesellschaftsbecken einrichten möchte, muß sich schon vorher im klaren sein, welche Art von Fischen er pflegen will. Er muß schon bei der Einrichtung auf die Belange seiner zukünftigen Pfleglinge Rücksicht nehmen. Die richtige Zusammenstellung des Besatzes erfordert ebenfalls einiges an Kenntnissen und Fingerspitzengefühl.

Wer das Neuland Aquaristik zum erstenmal betritt, sollte daher auf jeden Fall vorher den Rat des Fachmannes einholen, damit nicht schon nach vier Wochen der Spaß an der Neuanschaffung gründlich verflogen ist. Gerade bei der Fischwahl gibt es einiges zu beachten, und die von den Anfängern meistgeschätzten Kriterien wie Form und Farbe spielen eigentlich eine untergeordnete Rolle.

Aus diesem Grund seien nachfolgend einige wichtige Anhaltspunkte für die Zusammenstellung einer Fischliste wiedergegeben:

1. Es sollen nur Fische gewählt werden, die mit dem zur Verfügung stehenden Wasser für das Aquarium (Härte, pH-Wert, Temperatur) zufrieden sind.
2. Schwarmfische müssen auch wirklich im Schwarm gehalten werden. Lieber auf die eine oder andere Art verzichten, dafür aber einen Schwarm von mindestens zehn Fischen einer Art anschaffen.
3. Nicht mehr revierbildende Fische einsetzen, als Reviere im Bodenbereich angeboten werden können.
4. Keine Raubfische mit Friedfischen vergesellschaften.
5. Keine ruhigen Fische mit hektischen Arten in einer Ebene zusammenbringen.
6. Auf vernünftige Größenrelationen achten! Größere Fischarten behindern kleinere mit den gleichen Ansprüchen in ihrer Entfaltung.

Wegen der drei bereits erwähnten Etagen eines Aquariums sollte der Fischbesatz auch danach ausgesucht werden, welche Wasserschichten er bevorzugt.

Die Bodenzone sollte man den Panzerwelsen reservieren. Der Metallpanzerwels (*Corydoras aeneus*) oder der Marmorierte Panzerwels (*Corydoras paleatus*) sind altbewährte Fische für das Gesellschaftsaquarium, die den Boden von Nahrungsresten säubern. Leider werden sie meist nur in wenigen Exemplaren gepflegt, obwohl sie durchaus gesellig sind und in größeren Trupps zusammenleben.

Bodenorientierte Fische: Panzerwelse und Buntbarsche.

Wenn man sich nicht gerade auf die heiklen Arten festlegt, dann kommen auch die kleiner bleibenden Buntbarsche für das Gesellschaftsbecken in Frage. Der Purpurprachtbarsch (*Pelvicachromis pulcher*) beispielsweise ist durchaus salonfähig, wenn man von vornherein auf sein Fortpflanzungsverhalten Rücksicht nimmt. Eine leere Kokosnuß, lediglich mit einem engen Einschlupfloch versehen, wird mit Sand gefüllt und in den Boden eingegraben. Wir können mit Sicherheit davon ausgehen, daß diese Höhle von unseren Purpurprachtbarschen als Kinderstube angenommen wird. Vor dem Eingang lassen wir einen freien Raum, da diese Buntbarsche den Sand aus der Höhle schaffen und vor dem Eingang auftürmen. So haben wir die unvermeidliche, instinktgebundene Buddelei unter Kontrolle, da wir den Ort des Geschehens vorausbestimmt haben.

Selbst den kleinen Schneckenbarsch (*Lamprologus ocellatus*) können wir ohne Schwierigkeiten im Gesellschaftsbecken pflegen. Ihm genügen einige auf den Sandboden gesunkene Schneckenhäuser, in denen er sich bald häuslich einrichten wird.

Fische für die mittleren Wasserschichten: Salmler, die meisten Barben und Bärblinge.

Die Auswahl an Fischen, die die mittleren Bereiche des Aquariums beleben, ist recht groß. In der Regel sind es viele im Schwarm lebende Salmler und mit Einschränkungen auch Barben und Bärblinge. Genaue Abgrenzungen lassen sich hier allerdings nur sehr schwer aufstellen, da die Fische, die sich vorwiegend in diesen Zonen aufhalten, es eben nur vorwiegend tun und bei weitem nicht so ortsgebunden sind wie die Bodenbewohner oder die Oberflächenfische. Natürlich gibt es auch eine Menge Fische, die in allen Etagen des Aquariums zu Hause sind. Die im Gesellschaftsaquarium so beliebten Lebendgebärenden Zahnkarpfen wie Guppys, Platys oder Schwertträger gehören in diese Kategorie der heimatlosen Gesellen.

Reine Oberflächenfische sind beispielsweise: Halbschnabelhechte, Beilbauchfische und der Schmetterlingsfisch.

Zu den reinen Oberflächenfischen gehören beispielsweise die Halbschnabelhechte, die Beilbauchfische und auch die bizarren Schmetterlingsfische (*Pantodon buchholzi*), deren Pflege allerdings nur dem erfahrenen Aquarianer empfohlen werden kann. Aber auch andere, weitaus weniger skurrile Fische wie etwa der Celebes-

Sonnenstrahlfisch bevorzugen die oberen Wasserschichten, wenn sie auch ab und zu woanders anzutreffen sind.

Die Aufzählung von Fischen in diesem Zusammenhang kann natürlich nur beispielhaft sein. Es gibt selbstverständlich noch eine fast unerschöpfliche Zahl weiterer Fische, die für das Gesellschaftsbecken in Frage kommen. Ich wollte nur veranschaulichen, daß durch eine ausgewogene Besetzung des Aquariums alle Bereiche belebt werden können, ohne daß es zu Schwierigkeiten kommen muß.

Gesellschaftsaquarien, die mit so unterschiedlichen Fischarten besetzt sind, strahlen eine Lebhaftigkeit aus und sind interessant, weil es immer etwas Neues zu entdecken gibt.

In einem Artenbecken kann man besondere Pflegeansprüche der gehaltenen Fische berücksichtigen.

In einem **Artenbecken** wird die Auswahl auf eine oder einige wenige Fischarten beschränkt, die der gleichen Gattung angehören. Artenbecken werden so eingerichtet, daß sie spezielle Lebensbedingungen der Pfleglinge erfüllen. Artenbecken sind deshalb für solche Fische gedacht, die wegen ihrer besonderen Ansprüche oder Verhaltensweisen nicht in ein Gesellschaftsbecken passen. Dafür gibt es die verschiedensten Ursachen: So sind beispielsweise besonders kleine und zierliche Fische in einem Artenbecken schon deshalb besser aufgehoben, weil sie im Gesellschaftsaquarium buchstäblich untergehen. Oder es handelt sich um Fische, die ganz besondere Ansprüche an das Wasser stellen - etwa weil sie extrem weiches, saures Wasser benötigen. Aber auch Fische, die an einen speziellen Lebensraum gebunden sind, sind im Artenbecken besser aufgehoben als im Gesellschaftsaquarium. Denken wir beispielsweise an die Buntbarsche aus dem Malawi - oder dem Tanganjikasee: Diese Cichliden sind extrem an eine Felsen- und Geröllandschaft gebunden, so daß man bei der Einrichtung des Aquariums auf diese Lebensweise Rücksicht nehmen sollte. Letztendlich hält man auch besonders aggressive und räuberische Arten besser separat, da sie die übrigen Mitbewohner nur ständig verfolgen würden.

Fortgeschrittene Aquarianer bevorzugen Artenbecken auch noch aus einem anderen Grund: In diesen Aquarien sind naturgemäß eher Zuchterfolge zu erwarten als in einem Gesellschaftsaquarium.

Üblicherweise beginnen Anfänger zunächst einmal mit einem Gesellschaftsbecken, kommt dann im Laufe der Zeit ein weiteres Aquarium hinzu, so wird es meist als Artenbecken eingerichtet, weil über das Kennenlernen im Gesellschaftsbecken mittlerweile eine Fischfamilie oder eine spezielle Gattung eine besondere Vorliebe bei ihrem Pfleger erlangt hat.

In einem Artenbecken sind Nachzuchten eher zu erwarten als in einem Gesellschaftsaquarium.

Das **Biotopaquarium** ist im Grunde genommen nur eine Variante eines Artenbeckens. In einem Biotopaquarium versucht der Liebhaber, den typischen Lebensraum seiner Pfleglinge naturgetreu nachzuahmen. Das heißt, er verwendet nur Pflanzen und Dekorationsgegenstände, wie sie auch im natürlichen Biotop anzutreffen sind, und er nimmt hinsichtlich der Gestaltung des Beckens auf die Gegebenheiten der Fundorte Rücksicht.

Biotopaquarien sind nur etwas für den fortgeschrittenen Aquarianer.

In einem Biotopaquarium tummeln sich nur Fische, die auch in der Natur zusammen anzutreffen sind, in einer Umgebung, die ihrem Heimatgewässer weitgehend entsprechen soll. Wer ein Biotopaquarium einrichten möchte, muß exakte Daten über den Lebensraum der von ihm gepflegten Fische sammeln. Biotopaquarien findet man daher meist nur bei erfahrenen Liebhabern.

Das **Holländische Aquarium**, bei dem eine üppige und vielfältige Bepflanzung Vorrang vor den Fischen hat, wirkt besonders dekorativ. Unsere Nachbarn haben dabei im Laufe der Zeit eine solche Perfektion entwickelt, daß das Holländische Pflanzenbecken zu einem festen Begriff geworden ist. Ein solcher Unterwassergarten, in dem die Pflanzen nach Farben und Wuchsformen harmonisch aufeinander abgestimmt sind, hat eine äußerst dekorative Wirkung und verkörpert den Wunschtraum eines jeden Aquarienliebhabers.

Die Einrichtung eines Holländischen Aquariums ist aber sehr aufwendig und setzt eine Menge Erfahrung in der Kultur von Wasserpflanzen voraus. Sie müssen regelmäßig gestutzt und nachgesteckt werden. Das alles zieht einen enormen Pflegeaufwand nach sich.

In einem Holländischen Pflanzenaquarium haben die Wasserpflanzen Vorrang vor den Fischen.

Der Anfänger in Sachen Aquaristik sollte sich auf die Einrichtung eines solchen Pflanzenbeckens erst gar nicht einlassen, wenn ein solches Aquarium auch noch so verlockend erscheint. Das Holländische Pflanzenbecken ist und bleibt eine Sache für Spezialisten, und selbst mancher erfahrene Aquarianer hat sich daran die Zähne ausgebissen.

Welchen Aquarientyp wählen wir?

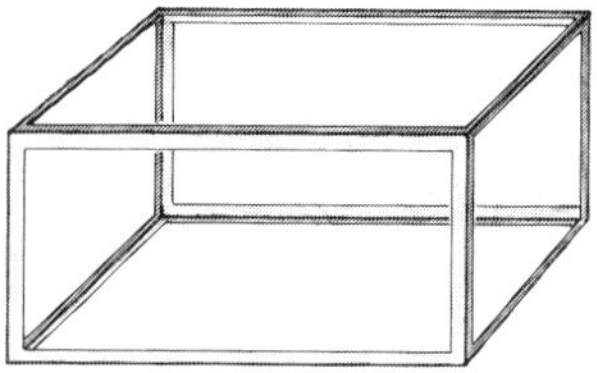

Die Auswahl des richtigen Aquariums hängt in entscheidendem Maße davon ab, für welchen der geschilderten Beckentypen man sich entscheidet und welche Arten von Fischen gepflegt werden sollen.
Doch bevor ich darauf eingehe, noch ein paar Worte zu den unterschiedlichen Aquarientypen, die der Handel anbietet.
Auch heute noch werden grundsätzlich Rahmenaquarien und Vollglasaquarien unterschieden.

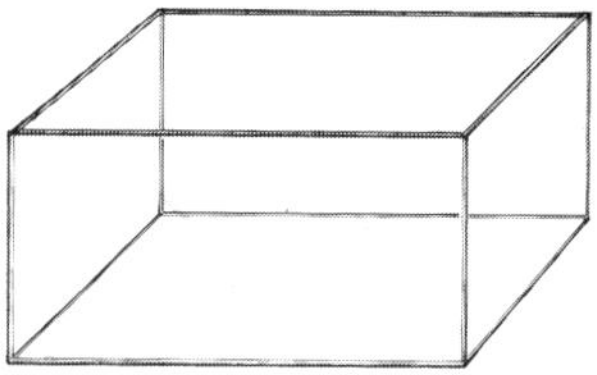

Bild 6: Oben: Beim Vollrahmenaquarium sind die waagrechten und senkrechten Kanten der Glasplatten zur Aufnahme des Innendrucks durch einen umlaufenden, kraftschlüssig verbundenen Rahmen eingefaßt. Unten: Die modernen Aquarien sind vorwiegend rahmenlos. Bei ihnen sind die Glasplatten durch Silikonkautschuk oder ein anderes gleichwertiges Bindemittel kraftschlüssig miteinander verbunden.

Rahmenaquarien sind an Ecken und Kanten geschützt.

Rahmenaquarien

Das Rahmenaquarium besteht aus Glasplatten und einem Rahmen mit Tragefunktion. Aber auch hier gibt es unterschiedliche Typen.
Beim Vollrahmenaquarium sind die waagrechten und senkrechten Kanten der Glasplatten zur Aufnahme des Innendrucks durch einen umlaufenden, kraftschlüssig verbundenen Rahmen eingefaßt.
Beim Vollsichtaquarium dagegen sind nur die waagrechten Kanten durch einen umlaufenden Rahmen verbunden. Die herkömmlichen Aquarien sind Vollrahmenaquarien mit einem Rahmen aus Eisen oder rostfreiem Stahl, in dem die Scheiben eingekittet sind. Innen wurden diese Becken an allen Kanten mit einer bituminösen Vergußmasse abgedichtet. Von dieser Art der Herstellung ist man heute völlig abgekommen, weil diese Aquarien einen großen Nachteil hatten: Sie waren sehr rostanfällig und wurden meist undicht, wenn sie längere Zeit trocken gestanden hatten.
Nun gibt es bessere Lösungen. Diese Aquarien erhalten heute einen Rahmen aus eloxiertem Aluminium oder aus Kunststoff. Sie werden durch eine Verklebung mit Silikonkautschuk dauerhaft abgedichtet. Solche Aquarien haben den Vorteil, daß sie an den empfindlichen Kanten durch den Rahmen geschützt sind.

Vollglasaquarien

Die modernen Aquarien sind heute vorwiegend rahmenlos. Diese Becken werden als Vollglasaquarien bezeichnet. Bei ihnen sind die Glasplatten durch Silikonkautschuk oder ein anderes gleichwertiges Bindemittel kraftschlüssig miteinander verbunden. Diese Aquarien können mit einem Kantenschutz etwa aus aufgeklebten Kunststoffleisten versehen sein. Dieser Kantenschutz übernimmt jedoch keinerlei tragende Funktionen.
Bei Vollglasaquarien ist die richtige Stärke der Glasscheiben von großer Bedeutung. Welche Mindeststärke die Seitenwände und die Bodenscheibe aufweisen müssen, kann den beiden Tabellen entnommen werden.
Einige Billigprodukte entsprechen von der Scheiben-

Wichtig bei Vollglasaquarien:
1. **ausreichende Scheibenstärke**
2. **ab 80 cm Kantenlänge Wulstnaht**
3. **ab 80 cm Länge Mittelsteg**

Minimale Dicke der Seitenwände

Länge / Wasserstand	400	500	600	700	800	900	1000	1100	1200	1300	1400	1500	1600	1700	1800	2000
350	4	4	5	5	5	-	-	-	-	-	-	-	-	-	-	-
400	6	6	6	6	6	6	6	-	-	-	-	-	-	-	-	-
450	6	6	6	8	8	8	8	8	8	8	8	8	8	-	-	-
500	6	6	8	8	8	8	8	10	10	10	10	10	10	10	10	10
600	8	8	8	10	10	10	10	12	12	12	12	12	12	12	12	12
Toleranz der Glasdicke nach DIN 1249 Teil 1 und Teil 3																

Minimale Dicke der Bodenscheiben

Wasserstand	Länge / Breite	400	500	600	700	800	900	1000	1100	1200	1300	1400	1500	1600	1700	1800	2000
400	200	4	-	-	-	-	-	-	-	-	-	-	-	-	-	-	-
	300	-	4	4	5	5	6	6	-	-	-	-	-	-	-	-	-
	350	-	-	5	6	6	6	6	-	-	-	-	-	-	-	-	-
	400	-	-	5	6	6	6	6	-	-	-	-	-	-	-	-	-
500	450	-	-	-	-	6	8	8	8	8	8	8	10	10	12	12	12
	500	-	-	-	-	8	8	8	10	10	10	10	10	10	12	12	12
600	500	-	-	-	-	-	-	10	10	10	12	12	12	12	12	12	12
	550	-	-	-	-	-	-	10	10	10	12	12	12	12	12	12	12
Toleranz der Glasdicke nach DIN 1249 Teil 1 und Teil 3																	

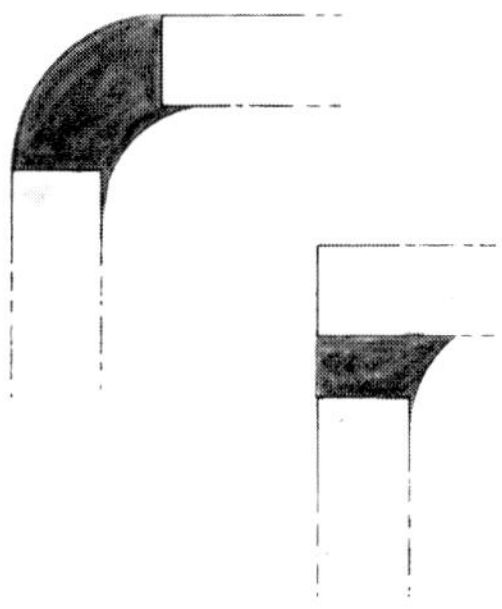

Bild 7: Eckverbindungen für rechteckige Glasaquarien. Links: Häufigste Fugenform, auch für Großaquarien geeignet. Rechts: Stumpfe Verbindung für Becken unter 80 cm Kantenlänge.

stärke her gerade noch den Mindestvoraussetzungen der Statik, sie haben aber keine Reserve. In der Praxis bedeutet das, daß sie schon bei einer geringen Verkantung - weil etwa die Unterlage nicht ganz plan ist - zerspringen und auch sehr stoßempfindlich sind. Beim Kauf ist daher Vorsicht geboten. Auch ist auf die sorgfältige Verklebung der Scheiben zu achten. Stoßgeklebte Aquarien sollten eine Kantenlänge von 80 cm nicht überschreiten. Für größere Längen sind wulstgeklebte Becken zu bevorzugen, sie müssen auch einen Mittelsteg haben, damit sich das Glas nicht unter dem Wasserdruck durchbiegt.

Plexiglasaquarien

Plexiglasaquarien zerkratzen leicht!

Aquarien aus Plexiglas stehen den Glasaquarien in der Haltbarkeit nicht nach. Sie haben sich aber nicht so richtig durchsetzen können. Die Scheiben verkratzen sehr leicht bei der Reinigung, so daß sie schon nach relativ kurzer Zeit unansehnlich werden. Da das Plexiglas sehr biegsam ist, geben die Scheiben unter dem Wasserdruck leicht nach und werfen sich nach außen, damit kommt es bei der Durchsicht zu unschönen Verzerrungen.

Plexiglasaquarien haben somit nur noch Bedeutung als kleine in einem gegossenen Becken, die hervorragend als Zuchtaquarien verwendet werden können. Sie sind preiswert und lassen sich wegen der runden Ecken gut reinigen.

Es empfiehlt sich immer, ein solch kleines Kunststoffbecken in Reserve zu haben, sei es als Quarantäneaquarium für erkrankte Fische oder zur Rettung von Jungfischen aus dem Gesellschaftsbecken.

Daneben sind auch noch gegossene Vollglasaquarien im Handel, die denselben Zweck erfüllen wie die eben genannten kleinen Kunststoffbecken. Sie sind allerdings relativ schwer, und die Scheiben sind nicht exakt plan, so daß es bei ihnen auch zu Verzerrungen kommt. Sie haben den Vorteil, daß sie nicht so leicht verkratzen und gegen Chemikalien unempfindlich sind. Kunststoff dagegen kann sich schon einmal durch das Zugeben von Anilinfarbstoffen zur Krankheitsbekämpfung wie Trypaflavin oder Methylenblau leicht einfärben.

Die richtige Größe

Bei der Anschaffung eines Aquariums sollten Sie zunächst eine uralte Erfahrung berücksichtigen: Je größer das Aquarium ist, um so weniger Ärger wird es Ihnen bereiten. Der Pflegeanspruch eines größeren Aquariums ist relativ geringer als der eines kleinen Beckens, vorausgesetzt natürlich, es wird auch vernünftig besetzt. Das klingt zunächst paradox, ist aber einleuchtend, wenn man bedenkt, daß sich eine größere Menge Wasser stabiler verhält als eine kleine. Damit reagiert das größere Aquarium langsamer auf Pflegefehler. Stirbt zum Beispiel in einem kleinen Aquarium unentdeckt ein Fisch, dann hat seine Verwesung eine rapide Verschlechterung der Wasserqualität zur Folge. Das Wasser kann innerhalb einiger Stunden zu einer übelriechenden Jauche werden. Dagegen würde man die Verwesung des gleichen Fisches in einer großen Wassermenge gar nicht bemerken. Bei einem kleinen Becken ist der regelmäßige Wasserwechsei eine unerläßliche Forderung für eine sachgerechte Pflege. Die Wechselintervalle sind kürzer als bei einem großen Aquarium. Ein großes Aquarium kann es durchaus auch einmal verkraften, wenn der an sich anstehende Wasserwechsel, beispielsweise in der Urlaubszeit, einmal ausfallen muß. Bei einem kleinen Becken kann das schon Probleme geben. Angehende Aquarianer möchten natürlich auch gleich mehrere Fischarten nebeneinander halten und neigen im ersten Überschwang ihrer Neugier gerne dazu, eine wahre Sammelleidenschaft zu entfalten, indem sie immer wieder neue Fischarten anschaffen. Ein kleines Becken ist daher bald hoffnungslos überfüllt, ein großes hat dagegen noch stille Aufnahmereserven, wobei aber immer vor einer Überbesetzung gewarnt werden muß. Die Überbesetzung ist meist der Anfang aller Schwierigkeiten, die einem dann schließlich den Spaß am neuen Hobby vergraulen!

Ein großes Aquarium ist »stabiler« als ein kleines Becken, weil es langsamer auf Pflegefehler reagiert.

Pauschale Angaben für eine zulässige Besatzdichte sind nicht sinnvoll. Viele Variablen sind zu berücksichtigen. Wie viele Fische sich in einem Aquarium tummeln dürfen, richtet sich nicht allein nach dem richtigen Verhältnis der Fische zur Wassermenge, sondern vielmehr noch nach weiteren Faktoren, die gleichfalls einzuhalten sind: Werden verschiedene Arten miteinander vergesellschaftet, so ist unbedingt darauf zu achten, daß sie nicht nur hinsichtlich ihrer Ansprüche an die Wasserwerte und die Temperatur zusammenpassen, sondern auch in Bezug auf ihr Verhalten gegenüber Artgenossen und anderen Beckeninsassen. Nicht alle Fische kommen miteinander aus, was in einem kleinen Bekken eher zur Katastrophe führt als in einem großen. So kann zum Beispiel in einem kleineren, gut gegliederten Aquarium die Besatzdichte durchaus größer sein als in einem größeren, aber weitgehend leeren Aquarium. Es empfiehlt sich daher, schon vor der Einrichtung des Aquariums darüber nachzudenken, welche Fische darin gehalten werden sollen. Wird nämlich bei der Gestaltung des Aquariums bereits Rücksicht auf die Lebensansprüche der Fische genommen, so hat das entscheidenden Einfluss auf die zulässige Besatzdichte. So schränkt beispielsweise die Haltung von Fischen, die ein festes Territorium beanspruchen, die zulässige Besatzdichte von vornherein ein. Durch eine geschickte Einplanung von Revieren kann aber die Besatzdichte erhöht werden. Schwarmfische würden die gleiche Aquariengröße in etwas größerer Anzahl besiedeln dürfen. Entscheiden Sie sich also für Schwarmfische, so könnten Sie in einem Aquarium mit einer Kantenlänge von 100 x 40 x 40 cm in etwa 20 Fische mit einer Körperlänge von 5 cm halten. 20 Zwergbuntbarsche in einem Aquarium gleicher Größe würden dagegen die zulässige Besatzdichte bei Weitem übersteigen.

Das richtige Format

Ein tiefes Aquarium ermöglicht bessere Gestaltungsvariationen.

Die heute angebotenen Aquarien in ihren Standardmaßen haben häufig Proportionen, die noch nicht den neueren Erkenntnissen entsprechen. Sie sind meist höher als breit. Ein umgekehrtes Verhältnis hat jedoch viele Vorteile. Ein Aquarium mit einer großen Bodenfläche läßt sich bedeutend besser gestalten, weil der Raum tiefer ist. Ein wirkungsvoller Aufbau von Terrassen, nach hinten ansteigend, ist nur möglich, wenn die entsprechende Tiefe vorhanden ist. Auch für revierbildende Fische hat sich das breitere Aquarium bewährt. Da diese für ihr Territorium eine gewisse Grundfläche beanspruchen, kann man in solchen Becken mehr Reviere anbie-

ten als in einem schmalen Aquarium. Eine geringere Höhe hat auch Vorteile für den Pflanzenwuchs, weil das Licht besser durchdringt und damit auch niedrige Pflanzen am Bodengrund ausreichend versorgt werden.
Ganz entscheidend ist aber, daß die größere Wasseroberfläche einen viel umfangreicheren Gasaustausch zwischen dem Wasser und der umgebenden Luft ermöglicht. Als Richtschnur sollten Sie sich daher merken, daß das Aquarium mindestens so breit wie hoch sein sollte. Aber auch die Länge des Aquariums sollte in einem angemessenen Verhältnis zur Breite stehen. Ideal ist ein Verhältnis von 2:1, das heißt, ein Aquarium sollte halb so breit wie lang sein. Diese Maße lassen sich allerdings bei den Ausmaßen über 1,20 m Länge kaum noch verwirklichen. Die handelsüblichen Aquarien überschreiten selten eine Breite von 60 cm, auch nicht in den Kategorien über 1,20 m Länge.
Soweit eine allgemeine Aussage zum Beckenformat, die Sie beim Kauf eines Beckens berücksichtigen sollten. Es soll aber nicht verschwiegen werden, daß natürlich auch die Lebensansprüche der gehaltenen Fische einen entscheidenden Einfluß auf die Wahl der Beckengröße und des richtigen Formats haben.

Vor der Auswahl des Aquarienformates sollte man bedenken, für welche Fische man sich entscheidet.

Es ist einleuchtend, daß beispielsweise ein Diskusbecken eine ausreichende Höhe haben muß, allein schon weil diese Fische einen hohen scheibenförmigen Körper haben. Darüber hinaus stehen sie gerne unter Moorkienwurzeln oder zumeist unter einer Schwimmpflanzendecke. Eine artgerechte Einrichtung läßt sich daher in einem flachen Becken nicht verwirklichen.
Besonders schwimmfreudige Schwarmfische brauchen viel Platz zum Ausschwimmen, und ihren Verhaltensweisen kommt daher ein langes Becken entgegen, die Breite ist dagegen weniger wichtig.
Bei den schon angesprochenen revierbildenden Fischen, beispielsweise bei Buntbarschen, ist die Bodenfläche entscheidend. Für sie wäre ein Aquarium, das breiter als hoch ist, ideal.
Wollen Sie sich von vornherein auf die Haltung spezieller Fische festlegen, was allerdings am Anfang nicht zu empfehlen ist, dann sollten Sie sich gleich ein auf die Bedürfnisse dieser Fische abgestimmtes Aquarium anschaffen. Sie sind dann aber festgelegt. In einem langgestreckten, schmalen Aquarium für schnell schwimmen-

de Barben werden Sie später z.B. nur sehr schlecht Buntbarsche halten können.

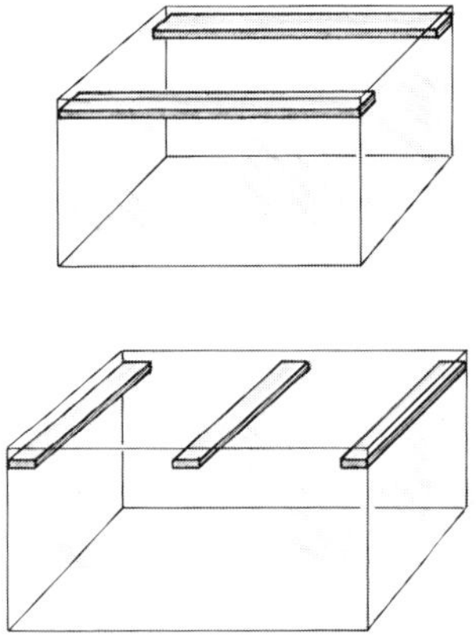

Bild 8: Deckscheibenauflage Oben: Bei kleineren Vollglasaquarien (Längsseite bis 80 cm) darf die Deckscheibenauflage längs verlaufen. Unten: Bei größeren Vollglasaquarien (Längsseite über 80 cm) sollte die Deckscheibenauflage breitseits verlaufen, zudem ist ein Mittelsteg zur Stabilisierung notwendig.

Die Deckscheibe

Die Deckscheibe ist ein wesentlicher Bestandteil einer Aquarienanlage. Sie erfüllt verschiedene Zwecke. Sie verhindert das Herausspringen der Fische aus dem Becken, schützt das Wasser vor Verunreinigungen durch Staub, Dämpfe u.ä. und sichert vor allem auch den Beleuchtungskörper vor Wasserdampf und Spritzwasser. Eine Deckscheibe darf zwar die Wasseroberfläche nicht hermetisch abriegeln, muß aber auf der anderen Seite so aufgelegt werden, daß kein zu breiter Spalt entsteht, durch den die Fische hindurchspringen können. Manche Fischarten vollbringen wahre Meisterleistungen und springen durch die kleinsten Zwischenräume.

Aussparungen in der Deckscheibe können nicht ganz vermieden werden, weil sie für den Durchlaß des Heizerkabels und der Filterschläuche gebraucht werden. Die Vollglasaquarien haben meist eine Auflage, die die Deckscheibe aufnimmt. Fehlt die Deckscheibenauflage, dann kann man besondere Deckscheibenhalterungen aus Kunststoff im Zoofachhandel bekommen. Eine durchgehende Deckscheibe ist unhandlich. Besser ist es, zwei Scheiben aufzulegen, die übereinandergeschoben werden können, wenn beispielsweise gefüttert wird.

Tafel III
(von links nach rechts)

Bild 13: Die Sumatrabarbe, Barbus tetrazona, ist ein quicklebendiger Schwarmfisch.

Bild 14: Fünfgürtelbarben, Barbus pentazona, wirken am besten in einem gut bepflanzten Becken mit weichem, leicht saurem Wasser.

Bild 15: Das Männchen der Purpurkopfbarbe, Barbus nigrofasciatus, glüht während der Balz in dunklem Rot.

Bild 16: Die Prachtbarbe, Barbus conchonius, ist ein anspruchsloser und bewährter Fisch für Anfängeraquarien.

Bild 17: Der Malabarbärbling, Danio aequipinnatus, belebt die oberen Wasserzonen.

Bild 18: Die Glühkohlenbarbe, Barbus fasciatus, sollte immer im Schwarm gepflegt werden, sonst bleibt sie sehr scheu.

Wasser ist nicht gleich Wasser

Daß Wasser nicht gleich Wasser ist, ist eine Erkenntnis, die wir täglich machen. Denken Sie nur an das Händewaschen. In manchen Gebieten brauchen wir eine Menge Seife, um etwas Schaum zu erhalten, und dann wiederum gibt es Gegenden, da läßt sich die Seife kaum von den Händen abwaschen. Das eine Wasser ist hart, es hat einen hohen Kalkgehalt, das andere ist weich und weist kaum Kalkanteile auf.
Für die Aquaristik ist es sehr wichtig, ein wenig von der Wasserkunde zu verstehen, denn das Wasser ist nun einmal das Lebenselement der Fische. Wenn die Fische im allgemeinen auch sehr anpassungsfähig sind, wenn sich die Wasserwerte nicht zu schnell, sondern langsam verschieben, so sollten wir uns doch bemühen, ihnen je nach ihrer Herkunft ein zumindest noch zuträgliches Wasser zu bieten. So vertragen Fische aus weichem Wasser bei langsamer Umstellung auch ein härteres Wasser, wenn wir sie aber züchten wollen, dann kommen wir nicht umhin, ihnen ein Wasser zu bieten, das dem ihrer Herkunft entspricht.
Die meisten der im Zoofachhandel erhältlichen Aquarienfische haben ihre Heimat nie gesehen, sie stammen schon seit Generationen aus Zierfischzüchtereien und sind somit den Aquarienbedingungen gut angepaßt. So können wir Aquarienfische, die in der freien Natur eigentlich aus weichem Wasser stammen, durchaus auch in unserem normalerweise härteren Leitungswasser halten. Wir werden aber sehr schnell feststellen, daß sie intensivere Farben zeigen, wenn wir ihnen weiches Wasser bieten. In einem speziell auf sie abgestimmten Wassermilieu sind sie aber nicht nur farbenprächtiger, sondern auch widerstandsfähiger und langlebiger.
Den Aquarianer interessieren von den verschiedenen Faktoren, die die Qualität eines Wassers ausmachen, vor allem drei wesentliche Wasserwerte: die Wasserhärte, der Säuregehalt und der Gehalt an Stoffwechselprodukten.

Tafel IV
(von links nach rechts)

Bild 19: Der Kardinalfisch, Tanichthys albonubes, ist ein hübscher und anspruchsloser Pflegling. Er sollte nicht zu warm – zwischen 18–20 °C – gehalten werden.

Bild 20: Der Rotschwanzbärbling, Rasbora borapetensis, gehört zu den anspruchslosen Rasbora-Arten.

Bild 21: Der Zwergbärbling, Boraras maculata, wird nur bis zu 2,5 cm lang, er eignet sich deshalb für ein Kleinaquarium.

Bild 22: Keilfleckbarben, Rasbora heteromorpha, kommen am besten in einem dunkel gehaltenen Becken zur Geltung,

Bild 23: Der einfach zu pflegende Zebrabärbling, Brachydanio rerio, ist besonders für das Anfängerbecken zu empfehlen.

Bild 24: Die Bitterlingsbarbe, Barbus titteya, bevorzugt ein Aquarium mit dichter Bepflanzung und vielen Versteckmöglichkeiten.

Aquaristisch wichtige Wasserwerte: Härte, pH-Wert, Gehalt an Stoffwechselprodukten.

Wasserhärte und Leitfähigkeit

Ob ein Wasser weich oder hart ist, hängt vor allem damit zusammen, wie der Boden beschaffen ist, den es durchfließt, bevor es sich als Grundwasser sammelt. Ist der Boden kalkhaltig, dann reichert sich das Wasser mit Kalk an, weil er sich leicht in Wasser lösen läßt. Das Resultat ist, daß das Wasser hart wird. Besteht der Boden aus Urgestein (wie beispielsweise Granit oder Basalt), dann bleibt das Wasser weich, weil sich Urgestein kaum in Wasser lösen läßt.
Das Regenwasser sickert zunächst durch die Humusschicht des Erdbodens. In dieser Humusschicht vollziehen sich viele Abbauprozesse, die Kohlendioxid (CO_2) freisetzen. Das Kohlendioxid wiederum verbindet sich mit dem Wasser zu Kohlensäure (H_2CO_3). Diese Säure löst den Kalk des Gesteins, das das Wasser nach dem Verlassen der Humusschicht durchlaufen muß.
Wir können diesen Vorgang mit einem einfachen Experiment nachvollziehen. Geben wir einen Tropfen Salzsäure auf einen Kalkstein, dann zischt und schäumt es, der Kalk wird durch die Säure gelöst. Geben wir aber einen Tropfen Salzsäure auf einen Basalt- oder Granitbrocken, dann werden wir keine Reaktion feststellen.

Temporäre Härte = Kalk- oder Karbonathärte (dKH)
bleibende Härte = Sulfathärte
temporäre Härte + bleibende Härte = Gesamthärte (dGH)

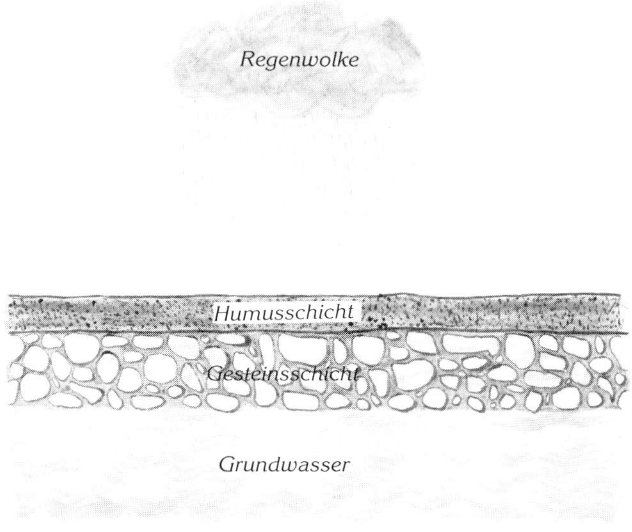

Bild 9: Vom Regen- zum Grundwasser
Wasser, das aus der Regenwolke fällt, durchdringt zunächst eine Humusschicht, in der es mit CO_2 angereichert wird. Danach passiert das Wasser die Gesteinsschicht, dort nimmt es mehr oder weniger (je nach Gesteinsart) Mineralien auf. Das durchgesickerte Grundwasser ist deshalb mit Kohlendioxid und Mineralien angereichert.

Die so entstehende Kalk- oder Karbonathärte wird als temporäre (= vorübergehende) Härte bezeichnet, weil sie nicht stabil ist und zum Beispiel durch einfaches Abkochen des Wassers entfernt werden kann. Der Kalk fällt aus und bildet dann in dem Gefäß einen Kalkrand. Wer kennt nicht die dicke Kalkkruste, die sich so langsam auf dem Tauchsieder bildet, oder den Kesselstein, der sich im Wassertopf absetzt? Aber die Karbonathärte (dKH) ist nur ein Teil der Gesamthärte (dGH) des Wassers. Die Resthärte, die bleibende Härte, wird auch Sulfathärte genannt, weil sie meist aus Gips, dem schwefelsauren Salz des Kalziums (= Kalziumsulfat), und Magnesiumsulfat besteht. Aber auch Kalziumchlorid, Magnesiumchlorid, Kalziumnitrat und Magnesiumnitrat beeinflussen die Resthärte des Wassers. Im Zoofachhandel gibt es Meßreagenzien, mit denen man die Wasserhärte feststellen kann. Diese Reagenzien sind recht einfach zu handhaben. In einen mit Aquarienwasser gefüllten Meßbecher wird das Reagenz tropfenweise zugeführt, bis ein Farbumschlag festzustellen ist. Die Zahl der verbrauchten Tropfen ergibt dann die Härtegrade. Auf diese Weise kann man die Karbonathärte und die Gesamthärte messen. Zieht man von der Gesamthärte die Karbonathärte ab, erhält man den Wert der Resthärte. Die Härte des Wassers wird in Graden Deutscher Härte gemessen, abgekürzt dGH.
Es gibt aber auch noch eine andere Methode, die Gesamthärte des Wassers festzustellen. Dabei nutzen wir die Tatsache aus, daß die im Wasser gelösten Mineralstoffe elektrischen Strom leiten. Je mehr Mineralstoffe das Wasser enthält, um so leitfähiger ist es. Im Zoofachhandel sind Leitfähigkeitsmeßgeräte erhältlich, die allerdings nicht gerade billig sind. Die Meßelektrode wird in das Wasser gehalten, und das Meßgerät zeigt sofort den Meßwert an, der in Mikrosiemens (Mikro S) angegeben wird. 30 Mikro S entsprechen in etwa der Leitfähigkeit von einem Härtegrad.

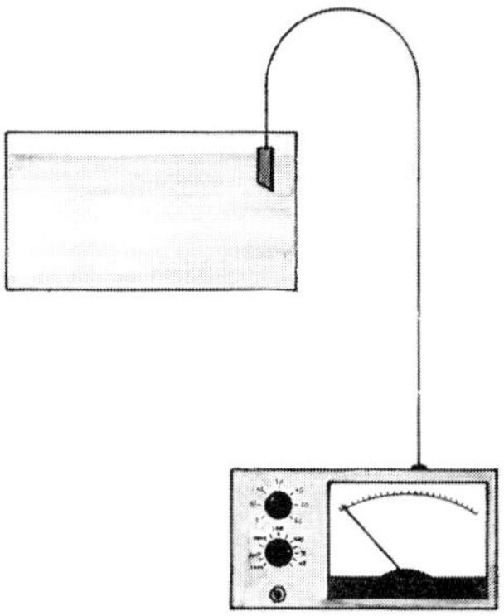

Bild 10: Mit einem Leitfähigkeitsmesser kann man rasch die Gesamthärte des Wassers bestimmen: Die Meßelektrode wird in das Wasser gehalten, und das Meßgerät zeigt sofort den Meßwert an, der in Mikro-Siemens angegeben wird. 30 Mikro-Siemens entsprechen etwa einem Härtegrad.

0 - 4° dGH = sehr weich
4 - 8° dGH = weich
8 - 12° dGH = mittelhart
12 - 30° dGH = hart
über 30° dGH = sehr hart

Bei Leitfähigkeitsmessern:
30 MikroS ≈ 1° dGH

Der Säuregehalt des Wassers

Wir haben schon festgestellt, daß auch das klarste und reinste Wasser der Natur nicht »rein« im chemischen Sinne ist. Es enthält immer eine Lösung verschieden-

pH-Wert = Meßeinheit für Wasserstoffionenkonzentration, bestimmt den Säuregehalt des Wassers. 7,0 pH = neutrales Wasser.

ster Stoffe, die seine Qualität beeinflussen. Diese Stoffe sind nicht nur verantwortlich dafür, ob ein Wasser hart oder weich ist, sie tragen in entscheidendem Maße auch dazu bei, wie die natürliche Reaktion des Wassers ist, das heißt, ob das Wasser sauer, neutral oder alkalisch reagiert. Diese natürliche Reaktion des Wassers kommt in seinem pH-Wert meßbar zum Ausdruck. Für den, der es genauer wissen will: Die natürliche Reaktion des Wassers hängt von dem Gleichgewichtsverhältnis der darin befindlichen negativ geladenen Hydroxidionen (OH^-) und positiv geladenen Wasserstoffionen (H^+) ab. Säuren und Laugen haben die Eigenschaft, mehr oder weniger stark zu zerfallen. Dabei werden bei Säuren Wasserstoffionen (H) freigesetzt und bei den Laugen Hydroxidionen (OH). Stehen die Wasserstoffionen und die Hydroxidionen im Gleichgewicht, dann ist das Wasser neutral, es reagiert weder sauer noch alkalisch. In einem Liter Wasser befinden sich immer insgesamt 10^{-14} Gramm Wasserstoff- und Hydroxidionen. Ist das Wasser chemisch rein, also frei von Härtebildnern und frei von Kohlensäure aus der Luft, dann halten sich die Wasserstoff- und die Hydroxidionen die Waage.

Ein Liter chemisch reinen Wassers enthält damit 10^{-7} Gramm Wasserstoffionen und 10^{-7} Gramm Hydroxidionen. Die Wasserstoffkonzentration wird mit dem pH-Wert wiedergegeben (p = Pondus = Gewicht, H = Wasserstoffionen). Die Zahlenreihe des pH-Wertes reicht von 1 - 14. Der Wert pH 7 gibt den Neutralpunkt an. Liegt der pH-Wert unter 7, dann ist das Wasser sauer, liegt der Wert über 7, dann reagiert es alkalisch. In den natürlichen Gewässern wird der pH-Wert bestimmt durch das Mengenverhältnis von Kohlensäure und Kalziumkarbonat. Die freie Kohlensäure im Wasser hält den Kalk in Lösung. Enthält das Wasser wenig Kalk, ist es also weich, dann bedarf es nur sehr wenig Kohlensäure, um den Kalk in Lösung zu halten. Je härter das Wasser ist, um so mehr freie Kohlensäure wird für die Lösung des Kalks verbraucht.

Für die aquaristische Praxis ist es wichtig zu wissen, daß ein weiches Wasser in seinem pH-Wert sehr labil ist. Hartes Wasser dagegen ist wenig der Gefahr von pH-Wert-Sprüngen ausgesetzt.

Weiches Wasser ist der Gefahr von pH-Wert-Sprüngen ausgesetzt.

Woran liegt das? Das weiche Wasser braucht, wie wir schon festgestellt haben, nur sehr geringe Mengen Kohlensäure, um den Kalk in Lösung zu halten. Befinden sich in einem Aquarium mit weichem Wasser viele Wasserpflanzen und werden diese beispielsweise durch Sonnenlicht zu verstärkter Assimilation angeregt, dann entziehen sie für ihr Wachstum dem Wasser die Kohlensäure. Als erste Folge davon entsteht aus dem im Wasser gelösten Kalziumbikarbonat (= doppelt kohlensaurer Kalk) einfach kohlensaurer Kalk, der ausfällt und sich normalerweise als Kesselstein absetzen würde. Da der Kohlensäurehunger mancher Wasserpflanzen damit noch nicht gestillt ist, entziehen sie auch dem einfach kohlensauren Kalk noch die Kohlensäure, so daß Ätz-Kalk entsteht. Nun treten OH-Ionen in hohem Maße auf, und der pH-Wert schnellt rasch in den alkalischen Bereich hinauf. Dieser Anstieg kann mitunter so kraß sein, daß der fischverträgliche Bereich von etwa 9,2 pH überschritten wird. Die Fische erleiden dann Verätzungen vor allem an den empfindlichen Kiemen und an den Flossen, die zum Tode führen, wenn nicht sofort Abhilfe geschaffen wird.

Die Gefahr der »Laugenkrankheit« tritt nur in weichem Wasser mit üppigem Pflanzenwuchs auf. In hartem Wasser ist immer ein genügender Vorrat an doppelt kohlensaurem Kalk vorhanden, der eine weitere Aufspaltung des ausgefallenen einfach kohlensauren Kalks in Ätzkalk und Wasser unnötig macht.

Der fischverträgliche Bereich reicht von etwa 4,0 pH - 9,2 pH. Das heißt, in diesem Bereich können Fische existieren, aber nicht jedem Fisch kann die gesamte Skala zugemutet werden. Die meisten tropischen Zierfische stammen aus Gewässern mit einem pH-Wert von 5,5 - 7,5. Daneben gibt es die extrem sauren Schwarzwässer und die extrem alkalischen Sodawässer, beispielsweise in den großen ostafrikanischen Seen.

Der fischverträgliche pH-Wert ist artabhängig. Er reicht in der Natur von etwa 4,0 pH bis etwa 9,2 pH. Im Aquarium den Wert von 5,5 pH nicht unterschreiten!

Die Messung des pH-Wertes in der aquaristischen Praxis ist etwas komplizierter als die Härtemessung. Sie erfolgt mit einer Indikatorlösung, die sich je nach pH-Wert des Wassers anders einfärbt. Diese Flüssigkeitsindikatoren sind im Zoofachhandel zu erhalten. Sie werden mit einem Teströhrchen und einer Farbskala geliefert. Das Teströhrchen wird mit Aquarienwasser bis zum Markierungsstrich aufgefüllt, und dann werden je nach Gebrauchsanweisung die entsprechende Anzahl Tropfen des Indikators dazugegeben.

Messung des pH-Wertes:

1. **durch Indikatoren und Farbvergleich**
2. **elektronisches Meßgerät**

Die nun entstehende Farbe des Wassers wird mit der Farbskala verglichen und somit der pH-Wert ermittelt. Der Handel bietet auch Teststreifen aus Papier an, die in das Wasser getaucht werden und sich dann einfärben. Auch hier wird die entstandene Färbung mit einer mitgelieferten Farbskala verglichen. Die genaueste Messung des pH-Wertes erfolgt allerdings mit einem elektronischen Meßgerät. Hier wird eine Meßelektrode in das Wasser gehalten und der pH-Wert am Meßgerät auf einer Skala oder sogar digital abgelesen.
Ein solches Gerät ist allerdings recht teuer, so daß die billigere, aber auch ungenauere Meßmethode mit Indikatoren meist vorgezogen wird.

Die Stoffwechselprodukte

Jede Pflanze und jedes Tier nimmt Nahrungsstoffe auf, wertet sie für seinen Energiebedarf aus und scheidet die übriggebliebenen Reststoffe wieder aus.
In der freien Natur spielen die von den Fischen an das Wasser abgegebenen Stoffwechselprodukte keine große Rolle, denn die Verwässerung dieser Verbindungen, die im Wasser noch weiter durch Bakterien zu Pflanzennährsalzen abgebaut werden, verhindert eine schädliche Konzentration. Nun ist der Raum und damit die Wassermenge in einem Aquarium sehr begrenzt, daher müssen wir den Stoffwechselprodukten im Aquarienwasser erhöhte Aufmerksamkeit schenken.

Im Aquarium anfallende Stickstoffverbindungen werden nicht vollständig von den Pflanzen aufgezehrt. Regelmäßiger Wasserwechsel beugt einer schädlichen Anreicherung vor.

Durch die Fütterung und den Stoffwechsel der Fische wird dem Aquarium als Abbauprodukt des Eiweißes ständig Stickstoff zugeführt. Dieser Stickstoff fällt in solchen Mengen an, daß er nicht von den Pflanzen vollständig als Nahrung aufgebraucht wird. Der größte Teil reichert sich daher im Wasser an. Die im Aquarium anfallenden Stickstoffverbindungen (Kot, Harn, faulende Futterreste usw.) werden durch Bakterien unter Verbrauch von Sauerstoff stufenweise abgebaut und schließlich in der Endstufe des Abbauprozesses in Nitrit und Nitrat umgewandelt.
Fallen in einem Aquarium sehr viele Stoffwechselprodukte an, weil das Aquarium beispielsweise überbesetzt ist, dann wird durch ihren bakteriellen Abbau viel Sauerstoff verbraucht. Die Fische leiden sichtbar unter

Atemnot und halten sich meist schnell atmend an der Oberfläche auf. Hier muß man sofort für eine Sauerstoffzufuhr sorgen. Der gleiche Sauerstoffmangel kann auftreten, wenn zu reichlich gefüttert wurde oder wenn ein toter Fisch unentdeckt im Wasser verwest. Auch hier setzt ein bakterieller Abbau unter starker Sauerstoffzehrung ein. Die als Endstufe des Abbauprozesses entstehenden Nitrate sind an und für sich nicht schädlich, aber am Anfang des Abbauprozesses entsteht Ammoniak, und das ist ein starkes Fischgift!

In saurem Wasser wird das Ammoniak allerdings sofort in Ammonium umgewandelt, das auch in höherer Konzentration den Fischen nicht schadet. Wir haben aber schon gehört, daß ein weiches Wasser in seinem pH-Wert sehr labil ist und daß durch eine rege Assimilation der pH-Wert ansteigen kann. Das Ergebnis ist dann ein rasches, auf den ersten Blick unerklärliches Fischsterben. Der Tod ist aufgrund einer Ammoniakvergiftung eingetreten.

Weiches, saures Wasser ist bei starker Belastung mit Stoffwechselprodukten im Falle eines durch starke Pflanzenassimilation bedingten pH-Wert-Sprunges besonders gefährlich!

Bei einem pH-Wert unter 6,5 bleibt der Abbau der Stickstoffverbindungen beim Ammonium stecken, eine weitere Reduktion zu Nitrit und Nitrat unterbleibt. In einem solchen Wasser steigt daher der Ammoniumgehalt stets an, und damit ist eine besonders große Gefahr bei einem Ansteigen des pH-Wertes in den alkalischen Bereich gegeben. Schon der teilweise Wasserwechsel mit alkalischem Wasser könnte sich ungünstig auswirken. Treten nach einem Wasserwechsel bei einigen Fischarten häufig Verluste auf, dann hat das seine Ursache also nicht darin, daß sie besonders empfindlich auf Frischwasser reagieren, vielmehr vertragen sie die einsetzende Schadwirkung des Ammoniaks nicht, die durch die Zuführung von alkalischem Wasser verursacht wird.

Aus alldem folgt, daß der rasche Abbau der Stickstoffverbindungen zum unschädlichen Nitrat durch einen gut funktionierenden Filter gefördert werden muß. Weiterhin ist durch regelmäßigen Wasserwechsel die Nährstoffkonzentration des Wassers herabzusetzen.

In einem biologisch arbeitenden Filter bieten wir mit dem Filtermaterial den abbauenden Bakterien eine große Ansiedlungsfläche und sorgen damit für eine gute Sauerstoffzufuhr. Doch ersetzt auch ein gut arbeitender Filter den regelmäßigen Wasserwechsel nicht, denn auch das durch den Abbauprozeß entstehende Endprodukt Nitrat darf sich nicht sehr hoch anreichern. Es wird durch den Wasserwechsel immer wieder verdünnt.

Unterschiedliche Gewässertypen

Schwarzwasser: geringer Mineralgehalt, reich an Huminsäuren, daher sehr sauer.

Damit wir unseren Aquarienfischen das richtige Wasser anbieten können, ist es wichtig zu wissen, aus welchem Gewässertyp sie stammen. Die meisten Zierfische kommen aus den tropischen Weichwassergebieten. Typisch für diese Gewässer ist, daß sie nur geringe Mengen an gelösten Mineralstoffen führen. Ihre Wasserhärte ist daher kaum meßbar.

Oft sind diese Gewässer mit Huminsäuren angereichert und führen kokabraunes Wasser. Es ist für aquaristische Begriffe sehr sauer und kann einen pH-Wert um 4,0 haben. Fische, die aus solchen Schwarzwässern stammen, sind oft sehr farbenprächtig, leider aber auch sehr empfindlich. Da das extrem saure Wasser die Entwicklung von Mikroorganismen hemmt, werden solche Fische in einem härteren, weniger sauren Wasser sehr leicht von Krankheitserregern befallen, gegen die andere Fische weitgehend immun sind.

Klarwasser: geringer Mineralgehalt, weniger Huminsäuren, daher schwach sauer.

Das tropische Weichwasser kann aber auch glasklar sein. Dieses Klarwasser hat keinen so hohen Anteil an Huminsäuren und ist dementsprechend nicht ganz so sauer wie das Schwarzwasser. Klarwasser findet man meist in Bächen mit sandigem bzw. kiesigem Bodengrund.

Weißwasser: wie Klarwasser, jedoch mit hohem Anteil an Schwebstoffen.

Das tropische Weißwasser unterscheidet sich vom Klarwasser durch einen höheren Anteil an Schwebstoffen, beispielsweise durch Lehmeinschwemmungen. Es ist dadurch weniger durchsichtig.

Generell läßt sich zu den Fischen aus tropischen Weichwassergebieten sagen, daß diejenigen aus Schwarzwässern am empfindlichsten sind.

Zierfische, die aus reinen Schwarzwässern stammen, werden nur selten importiert. Die meisten Weichwasserfische stammen aus dem Klar- oder Weißwasser.

Sie können langsam an ein etwas härteres Wasser gewöhnt werden. Meist sind sie dann aber nicht mehr ganz so intensiv gefärbt. Ihre Zucht wiederum gelingt nur dann, wenn wir diesen Fischen weiches Wasser zum Ablaichen anbieten.

Am wenigsten Probleme machen uns die Fische, die zwar aus noch als weich zu bezeichnenden Wässern stammen, welche aber einen etwas höheren Mineralgehalt aufweisen und nur schwach sauer bis neutral reagieren.
Daneben gibt es einen dritten Gewässertyp, der hartes bis extrem hartes Wasser führt. Solche Gewässer sind vor allem in Mittelamerika anzutreffen, aber auch der Tanganjika- und der Malawisee in Ostafrika weisen ein Wasser ähnlicher Qualität auf. Fische, die aus solchen Hartwässern stammen, fühlen sich in unserem - durchschnittlich mittelharten - Leitungswasser wohl. Ausgenommen sind die Regionen, in denen weiches Wasser aus der Leitung fließt. Im Zweifelsfalle wendet man sich an das zuständige Wasserwerk, das über die Werte des Leitungswassers Auskunft gibt.

Wasser - richtig zubereitet

Seit Generationen in Aquarien gepflegte Fische sind an unsere Wasserverhältnisse gewöhnt.

Unsere Aquarienfische stammen aus den beschriebenen unterschiedlichen Gewässertypen. Deshalb ist es wichtig, daß wir die Wasserwerte ihrer Biotope kennen, um ihnen ein zuträgliches Milieu bieten zu können.
Wenn wir uns auf die Haltung der altbewährten, schon seit Generationen erfolgreich in Aquarien gepflegten Fischarten beschränken, dann spielt das Wasserproblem nur eine untergeordnete Rolle. Diese Fischarten sind mittlerweile an unsere Wasserverhältnisse gewöhnt.
Die Wahl des richtigen Wassers wird aber entscheidend bei der Pflege von Wildfängen, bei der Zucht und auch bei der Aufzucht. Aus diesen Gründen kann es notwendig werden, das Leitungswasser fischgerecht aufzubereiten. Dem Aquarianer stellt sich dann in der Praxis die Frage: »Wie enthärte ich ein zu hartes Wasser, oder wie härte ich ein zu weiches Wasser auf?« oder »wie säuere ich ein alkalisches Wasser an, oder wie schaffe ich ein saures Wasser in den alkalischen Bereich?«

Enthärtungsmethoden

Theoretisch läßt sich hartes, kalkreiches Wasser durch Abkochen leicht enthärten. Wie wir wissen, sind die im Wasser gelösten Bikarbonate nur dann beständig, wenn freie Kohlensäure vorhanden ist. Durch starkes Erwärmen des Wassers wird die freie Kohlensäure in das gasförmige Kohlendioxid zurückgewandelt und durch die Wasserbewegung beim Kochen ausgetrieben. Die Folge davon ist, der Kalk fällt aus und setzt sich als Kesselstein ab. Aber schon beim Abkühlen nimmt das Wasser wieder Kohlensäure auf, und es entstehen erneut Bikarbonate, die das Wasser wieder aufhärten. Zur Enthärtung des Wassers ist also diese Methode nicht besonders geeignet.
Die für die Aquaristik geeignete Enthärtungsmethode ist die Entsalzung durch einen Ionenaustauscher oder -

mit einigen Einschränkungen - die Filterung über Torf. Es ist bekannt, daß der Torf ionenaustauschende Eigenschaften hat und daher zur Entkarbonisierung von Wasser eingesetzt werden kann. Allerdings hat die Torfmasse keinen sehr hohen Leistungsgrad.

Enthärtung durch Torffilterung nur bei Ausgangshärte bis 7 ° dKH effektiv.

Bei hoher Karbonathärte (dKH) ist der Entzug von Härtebildnern über die Torffilterung sehr mühsam. Hat das Ausgangswasser jedoch nicht mehr als 7 ° dKH, dann kann man mit Torffilterung die Karbonathärte durchaus mit einfachen Mitteln um 5 ° dKH senken.

1 Liter Hochmoorweißtorf senkt dKH bei 100 l Wasser um etwa 1,2 °.

Versuche haben ergeben, daß mit einem Liter Hochmoor-Weißtorf 100 l Wasser in der Karbonathärte um 1,2 ° gesenkt werden können. Filtern wir also 100 l Ausgangswasser von 7 ° dKH drei bis vier Tage über 4 l Torf, dann wird die Karbonathärte auf etwa 2 ° dKH herabgedrückt. Bei härterem Wasser müßte mehr Torf verwendet werden, allerdings besteht dann auch die Gefahr, daß das Wasser zu stark mit Huminsäuren angereichert würde. In solchen Fällen empfiehlt es sich, Kunstharze als Ionenaustauscher zu verwenden.

In der Industrie und im Haushalt wird das Leitungswasser häufig durch Neutralaustauscher enthärtet. Diese Neutralaustauscher werden mit Natriumchlorid, also

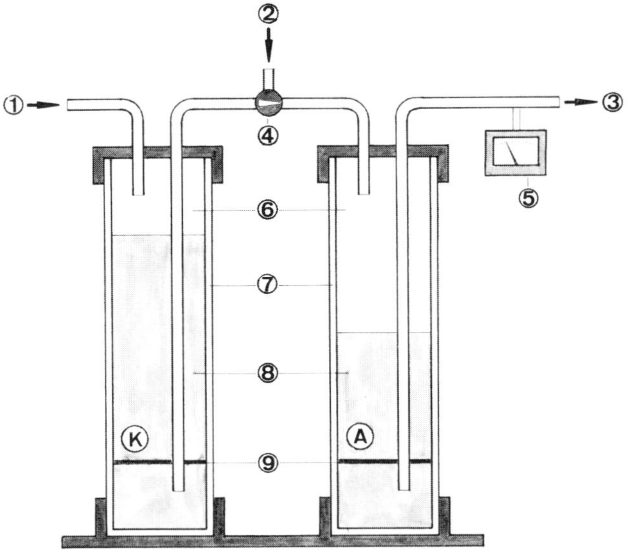

Bild 11: Vollentsalzungsanlage
Säule K: Kationenaustauscher
Säule A: Anionenaustauscher
1: Zulauf bei Betrieb bzw. Ablauf bei der Regeneration der Säule K.
2: Zulauf für die Regeneration der Säule K; Ablauf für die Regeneration der Säule A.
3: Ablauf bei Betrieb; bei Rückspülung Zulauf für die Säule A.
4: Dreiwegehahn
5: Leitfähigkeitsmesser
6: Rückspülraum
7: Plexiglasbehälter
8: Austauschharze
9: Siebplatte

einfachem Kochsalz, regeneriert. Es sei gleich vorweggenommen, daß der Neutralaustausch für die aquaristische Praxis nur bedingt geeignet ist. Der Grund dafür liegt darin, daß beim Neutralaustausch die Gesamthärte des Wassers überhaupt nicht beeinflußt wird. Die die Kalkhärte verursachenden Kalzium- und Magnesiumbikarbonate werden nämlich nicht aus dem Wasser entfernt. Sie werden lediglich in Natriumbikarbonat umgewandelt. Damit ist das Wasser zwar »weich« geworden, weil es keinen Kesselstein bildet, der sich unschön in den Leitungen ablagert, aber der Gesamtmineralgehalt ist der gleiche, und damit bleibt das Wasser aquaristisch unbrauchbar.

Entkarbonisierung reicht, wenn das Ausgangswasser eine geringe Resthärte hat.

Wenn wir das Wasser für unser Aquarium aufbereiten wollen, dann müssen wir den Mineralgehalt des Wassers verringern. Der Kationenaustauscher entzieht dem Wasser die Karbonathärte. Wenn die Gesamthärte des Wassers vorrangig durch die Karbonathärte verursacht wird, reicht diese Teilentsalzung meist aus. Ein Kationenaustauscher muss regelmäßig mit verdünnter Salzsäure regeneriert werden. Wird einem Kationen- ein Anionenaustauscher nachgeschaltet, dann wird das Wasser völlig von allen Härtebildnern und Mineralien befreit. Die Regeneration des Anionenaustauschers erfolgt mit verdünnter Natronlauge.

Durch Vollentsalzung erhält man chemisch reines Wasser ohne jeglichen Mineralgehalt. Für die aquaristische Praxis wieder mit 10% Ausgangswasser aufhärtenl

Eine weitere Möglichkeit, vollentsalztes Wasser herzustellen, bietet der Einsatz einer Osmoseanlage, die mittlerweile die Ionenaustauscher weitgehend verdrängt hat. Hier wird unter dem Druck der Wasserleitung Wasser durch eine Membrane gedrückt, die nur reines Wasser durchlässt und alle anderen im Wasser befindlichen Stoffe zurückhält. Diese werden mit dem Abwasser abgeleitet. Osmoseanlagen haben eine unterschiedliche Effektivität, die je nach Qualität zwischen 1: 4 (= aus 5 Liter Rohwasser entstehen 1 Liter reines Osmosewasser und 4 Liter Abwasser) und 1:2 liegt. Da eine solche Anlage langsam läuft, je nach Typ und Wasserdruck schafft sie zwischen 80 und 150 Liter am Tag, muss das Wasser am zweckmäßigsten in einem Vorratsbehälter aufgefangen werden. Das vollentsalzte Wasser ist so aquaristisch nicht einsetzbar und sollte mit 10% des Ausgangswassers versetzt werden. Eine Osmoseanlage muss regelmäßig gespült werden.

Aufhärtung des Wassers

Die meisten Zierfische bevorzugen zwar weiches Wasser, dennoch gibt es nicht wenige Arten, die aus harten Wässern stammen. Dazu gehören beispielsweise die Lebendgebärenden Zahnkarpfen wie Guppys, Platys oder Schwertträger oder auch die Buntbarsche aus den großen afrikanischen Riftseen. Ist das Leitungswasser für diese Arten zu weich, dann empfiehlt sich eine Zugabe von Kalziumsulfatpulver. Auf diese Weise wird die Resthärte (= Sulfathärte) erhöht, ohne daß sich das Kalk-Kohlensäure-Gleichgewicht ändert.

Aufhärten mit Kalziumsulfatpulver.

Senkung des pH-Wertes

Der pH-Wert eines Wassers steht immer im Zusammenhang mit der Karbonathärte. Ein Wasser, das von Natur aus sauer ist, weist automatisch auch eine sehr geringe Karbonathärte auf. Ist der Gehalt an Bikarbonaten größer, dann puffern diese die im Wasser befindlichen Säuren auf, und das Wasser stabilisiert sich im alkalischen Bereich.

Für die aquaristische Praxis bedeutet das, daß die Ansäuerung eines harten Wassers unmöglich ist. Wollen wir also ein hartes Wasser für Weichwasserfische aufbereiten, dann müssen wir es zunächst voll entsalzen, danach etwas aufhärten und ansäuern. Weist das Wasser eine höhere Härte als 5° dGH auf, dann ist eine aquaristisch sinnvolle Ansäuerung nicht mehr machbar. In den natürlichen Gewässern verursachen vornehmlich Gerbstoffe die saure Reaktion des Wassers.

Hartes Wasser kann nicht dauerhaft angesäuert werden. Es muß vorher enthärtet sein.

Gerbstoffe sind pflanzliche Stoffe, die besonders in der Rinde, im Holz, in den Wurzeln oder auch in den Blättern eingelagert sind. Sie haben die Aufgabe, die Pflanzenorgane vor Fäulnis zu schützen, indem sie die Bakterienentfaltung hemmen. Die Gerbstoffe abgestorbener Pflanzenteile, die im Wasser herausgelöst werden, wirken verdichtend auf die Oberfläche der Haut vieler Fische und schützen sie so vor Bakterienbefall. Somit hemmt das mit Gerbstoffen angereicherte Schwarzwasser die Bakterien- und Infusorienentwicklung.

In der aquaristischen Praxis sollten wir deshalb Gerbstoffe zur Ansäuerung einsetzen. Diesbezüglich gibt es viele Rezepte; da sie aber nicht ungefährlich sind, möchte ich nicht weiter auf sie eingehen. Aquaristisch bewährt hat sich allein die Ansäuerung des Wassers über Torffilterung. Verwendet wird dazu der Hochmoorweißtorf, der im Gartenbedarfhandel als Ballentorf - natürlich ohne Zusatz von Mineraldünger - erhältlich ist. Der Zoofachhandel bietet ebenfalls spezielle Torffasern für die Filterung an. Alle anderen Torfarten wie Hochmoorschwarztorf oder Niedermoortorf sind ungeeignet.

Beste Ansäuerungsmethode: Torffilterung.

Die erforderliche Torfmenge ist abhängig von der Karbonathärte des Wassers und vom Säuregehalt des Torfes. Leider ist es nicht möglich, hier eine Richtlinie zu geben, weil die Qualität des Torfes unterschiedlich ist. Der Aquarianer muß also die richtige Torfmenge jeweils nach seinen speziellen Verhältnissen durch Tests selbst herausfinden. Dabei muß er berücksichtigen, daß bei einem Wasser, das an der Grenze zwischen weich und mittelhart liegt, eine einmalige Torffilterung noch keinen Erfolg bringt. Hier kann es mehrmals erforderlich werden, den Torf zu wechseln. Der Torf enthärtet zunächst das Wasser, der Ansäuerungseffekt wird erst dann erreicht, wenn durch die biogene Entkalkung die Karbonathärte entsprechend gesenkt wurde. Dann allerdings kann der pH-Wert auf einmal rapide sinken. Es ist also Vorsicht geboten! Gleiches kann passieren, wenn bei weichem Wasser der Filter mit frischem Torf bepackt wird. In einem solchen Falle kann nämlich der pH-Wert innerhalb von Minuten sprunghaft heruntergehen, und zwar so extrem, daß die Fische Säureschäden erleiden. Normalerweise hat ein Torffilter eine Wirkungszeit von 4-6 Wochen. In dieser Zeit wird der Torf so weit ausgelaugt, daß er zur Ansäuerung wirkungslos wird.

Im Zoofachhandel werden zur Ansäuerung des Wassers auch Torfextrakte angeboten. Sie sind flüssig und werden dem Wasser zugemischt. Torfextrakt kann natürlich nur dann wirksam sein, wenn die Karbonathärte des Wassers gering ist. Eine Austauschereigenschaft hat nur die Torfsubstanz selbst, nicht aber der Extrakt. Mit der Zugabe von Torfextrakt kann also nicht die Karbonathärte gesenkt werden.

Torffilter niemals mit Aktivkohlefilter kombinieren!

Indes muß darauf hingewiesen werden, daß niemals ein Torffilter mit einem Aktivkohlefilter kombiniert werden darf, weil die Aktivkohle die Stoffe, die der Torf an das Wasser abgibt, sofort wieder herausfiltert.

Anheben des pH-Wertes

Der pH-Wert muß in der Praxis nur selten angehoben werden. Sollte das dennoch einmal erforderlich werden, weil beispielsweise durch eine Torffilterung das Wasser zu sauer (niedriger als 5,2 pH) geworden ist, dann kann eine Lösung von 6 Teilen Natriumbikarbonat und 1 Teil Natriumkarbonat unter ständiger Kontrolle des pH-Wertes zugesetzt werden. Eine solche Lösung kann man sich in der Apotheke zusammenstellen lassen. Aber auch im Zoohandel sind solche »Alka-Toner« erhältlich.

Entfernung von Stoffwechselprodukten

Auch wenn wir nun durch die geschilderten Wasseraufbereitungsmethoden ein unseren Fischen zuträgliches Wasser geschaffen haben, dürfen wir nicht vergessen, daß im Laufe der Zeit Stoffwechselprodukte anfallen, die sich letztendlich als Nitrat im Wasser ansammeln. Dieser Nährstoff für Pflanzen fällt so reichlich an, daß sie ihn nicht restlos aufbrauchen können. In diesem Falle hilft nur ein regelmäßiger Wasserwechsel.

Bei einem Wasserwechsel wird natürlich nicht das gesamte Aquarienwasser ausgetauscht. Wir saugen mit einem Schlauch höchstens ein Drittel des Wassers ab und ersetzen es durch Frischwasser gleicher Zusammensetzung und etwa gleicher Temperatur. Die Intervalle des Wasserwechsels hängen natürlich davon ab, wie stark ein Aquarium besetzt ist und wieviele Pflanzen vorhanden sind. Gehen wir von einem gut bepflanzten und normal besetzten Aquarium aus, so kann als Richtschnur ein 14-Tage-Rhythmus angenommen werden. Die Notwendigkeit eines Wasserwechsels kann man übrigens dem Wasser selbst nicht ansehen. Ein kristallklares Wasser ist kein zuverlässiger Indikator dafür, daß es auch »sauber« ist. Die Stoffwechselprodukte haben meist eine ganz schwache Eigenfärbung und trüben das Wasser nicht sichtbar ein.

Kristallklares Wasser ist kein Indikator für eine geringe Belastung mit Stoffwechselprodukten.

Der Filter – die Kläranlage im Aquarium

Tafel V
(von links nach rechts)

Bild 25: Der Skalar, Pterophyllum altum, ist ein ruhiger Buntbarsch, der nicht mit schnellschwimmenden Fischen vergesellschaftet werden sollte.

Bild 26: Der Buntbarsch Cryptoheros septemfasciatum aus Mittelamerika gehört zu den kleiner bleibenden, recht friedlichen Cichliden.

Bild 27: Der Streifenbuntbarsch, Aequidens portalegrensis, sollte nur paarweise gehalten werden.

Bild 28: Der Diskus (das Bild zeigt den Farbschlag »türkis«) ist ein heikler Pflegling, der nur fortgeschrittenen Aquarianern empfohlen werden kann.

Bild 29: Der Purpurprachtbarsch, Pelvicachromis pulcher, stammt aus Westafrika. Dieser Cichlide – er gehört zu den Zwergbuntbarschen – kann für das Gesellschaftsbecken empfohlen werden.

Bild 30: Buntbarsche sind aufopferungsvolle Brutpfleger. Das Bild zeigt den Prachtbuntbarsch Pelvicachromis subocellatus mit Jungfischen.

Eine Filteranlage hat die Aufgabe, das Wasser zu reinigen. Das kann einerseits durch mechanisches Zurückhalten von Trüb- und Schwebstoffen geschehen mit dem Ziel, ein äußerlich reines (= klares) Wasser zu erhalten. Andererseits kann aber auch durch einen vernünftig konstruierten und ausreichend dimensionierten Filter eine biologische Klärung des Wassers zumindest teilweise erreicht werden. Dementsprechend unterscheiden wir mechanische und biologische Filter. Gleichzeitig möchte ich darauf hinweisen, daß keine der beiden Filtermethoden einen Wasserwechsel überflüssig macht.

Der mechanische Filter

In einem mechanischen Filter werden die im Wasser anfallenden Trüb- und Schwebstoffe durch das Filtermaterial festgehalten, so daß das ablaufende Wasser klar erscheint. Die Wirkung der mechanischen Filterung ist aber sehr beschränkt, wenn man überlegt, daß nur ein geringer Prozentsatz des anfallenden Schmutzes feste Stoffe sind, die von einem solchen Filter erfaßt werden können. Die meisten das Wasser belastenden Stoffe liegen in gelöster Form vor und passieren einen mechanischen Filter ungehindert. Ein brauchbarer mechanischer Filter muß einen schnellen Wasserdurchfluß haben, und er muß zudem häufig gereinigt werden, damit die angesammelten Schmutzstoffe auch aus dem Bekken entfernt werden. Bleiben nämlich diese Schmutzstoffe zu lange im Filter, dann werden sie durch Bakterien zersetzt und als gelöste Stoffe wieder dem Wasserkreislauf zugeführt. Die meisten handelsüblichen Filter arbeiten nach dem Prinzip der mechanischen Filterung. Sie sind als Außen- oder Innenfilter erhältlich.
Der einfachste mechanische Filter ist der luftbetriebene Innenfilter, der in das Aquarium gestellt wird. Diese In-

nenfilter dürfen nicht viel Platz wegnehmen und sind daher recht klein. Aus diesem Grunde werden sie nur für kleine Aquarien und Ablaich- oder Aufzuchtbecken eingesetzt. Ein Innenfilter muß häufig gereinigt werden, denn sein Schmutzaufnahmevermögen ist nur gering.
Der Innenfilter wird mit einer Membranluftpumpe betrieben. In der Luftförderpumpe reißen die aufsteigenden Luftblasen Aquarienwasser mit, so daß es das Filtermaterial passiert.
Der Zoofachhandel bietet nun auch Innenfilter für verschiedene Aquariengrößen an, die mit einer elektrischen Kreiselpumpe betrieben werden. Bei diesem Filtertyp wird das Wasser meist über eine Schaumstoffpatrone angesaugt und durch die Ausflußöffnung in einem Wasserstrom wieder herausgedrückt.
Für größere Aquarien sind Tauchkreiselpumpen zu empfehlen: Sie arbeiten sehr zuverlässig und sind so leistungsstark, daß sie, richtig dimensioniert, das gesamte Aquarienwasser in einer Stunde zwei- oder gar dreimal durch den Filtertopf saugen. Wegen ihrer hohen Förder-

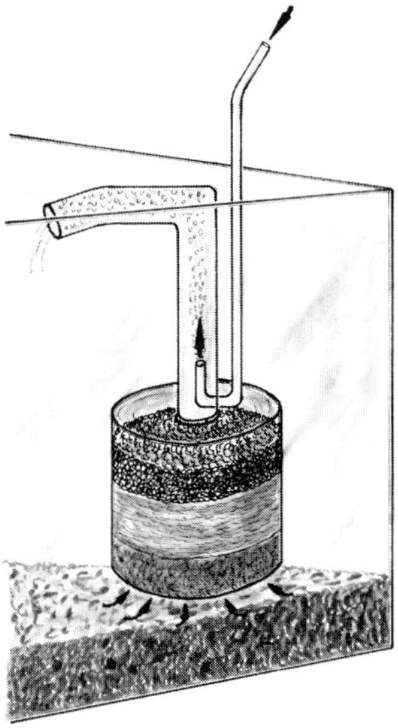

Bild 12: Arbeitsbetrieb eines luftbetriebenen Innenfilters: Über eine Membranpumpe wird Druckluft (Pfeil oben) in die Luftröhre (dünnes Rohr) eingeblasen. Die aus der Luftröhre blasenartig austretende Druckluft fördert das Aquarienwasser, das den Filter durchdrungen hat, im Steigrohr (dickes Rohr) wieder ins Becken zurück. Bei diesem Filtersystem ist unbedingt darauf zu achten, daß die Membranpumpe über dem Wasserspiegel installiert wird, denn sonst könnte bei eventuellem Stromausfall oder beim Abstellen des Gerätes das Wasser in umgekehrter Richtung fließen.

Tafel VI
(von links nach rechts)

Bild 31: Der Kakadu-Zwergbuntbarsch, Apistogramma cacatuoides, aus Südamerika fällt besonders durch seine langausgezogenen Rückenflossenstrahlen auf.

Bild 32: Der Gelbe Zwergbuntbarsch, Apistogramma borellii, gehört zu den robusten südamerikanischen Kleincichliden.

Bild 33: Zwergbuntbarsche aus Südamerika wie dieser Apistogramma macmasteri fühlen sich am wohlsten in weichem, leicht saurem Wasser. Auch darf es an Versteckmöglichkeiten nicht fehlen.

Bild 34: Der kleine Schneckenbarsch, Lamprologus ocellatus, aus dem Tanganjikasee ist an einen besonderen Lebensraum gebunden: Er wohnt, von der Wiege bis zur Bahre, in Schneckenhäusern.

Bild 35: Die Buntbarsche aus den großen ostafrikanischen Seen (hier: Cyrtocara electra) müssen vornehmlich in speziellen Becken mit vielen Steinaufbauten gehalten werden.

Bild 36: Die farbenprächtigen Kaiserbuntbarsche aus der Gattung Aulonacara stammen aus dem Malawisee in Ostafrika.

kapazität verursachen sie eine starke Strömung, die das Wasser mit Sauerstoff anreichert. Der Filtertopf eines solchen mechanischen Schnellfilters wird mit Watte oder einer Schaumstoffpatrone bepackt. Beides setzt sich sehr schnell zu und muß daher häufig gereinigt bzw. ausgetauscht werden, weil sonst der Filter in seiner Leistung stark nachläßt. Unter Umständen ist eine Filterreinigung zweimal in der Woche fällig.

Der Vorteil einer Tauchkreiselpumpe ist, daß sie sehr effektiv arbeitet, wenig Platz einnimmt und leicht zu reinigen ist. Leider sind solche Pumpen nicht gerade billig.

Auch Außenfilter, bei denen die Klärung des Wassers außerhalb des Aquariums erfolgt, werden als unterschiedliche Systeme im Zoofachhandel angeboten.

Die offenen Außenfilter werden wie ein Rucksack an die Seite des Aquariums gehängt. Das Aquarienwasser läuft über ein Überlaufrohr in den Filter, strömt durch das Filtermaterial und wird mit einer Luftförderpumpe wieder in das Becken zurückgedrückt.

Die geschlossenen Außenfilter werden mit einer elektrischen Pumpe betrieben, die auf den Filtertopf montiert ist. Das ganze System ist geschlossen. Über den Eingangsschlauch wird das Wasser in den Filtertopf gesaugt. Das Wasser passiert das Filtermaterial und wird dann über die Pumpenkammer und den Auslaufschlauch wieder in das Becken gedrückt. Diese Saugfil-

Bilder 13 und 14: Tauchkreiselpumpen haben den Vorteil, daß sie ohne Schlauchanschlüsse arbeiten. Das Aquarienwasser wird durch eine Schaumstoffpatrone oder über einen Filterkorb geklärt und entweder durch Auslaufschlitze (Bild 14) oder durch einen Auslaufstutzen (Bild 13) dem Becken wieder zugeführt. Diese Kreiselpumpen-Innenfilter arbeiten sehr zuverlässig und sind so leistungsstark, daß sie - richtig dimensioniert - in einer Stunde zwei- oder gar dreimal den gesamten Beckeninhalt durch den Filtertopf pumpen.

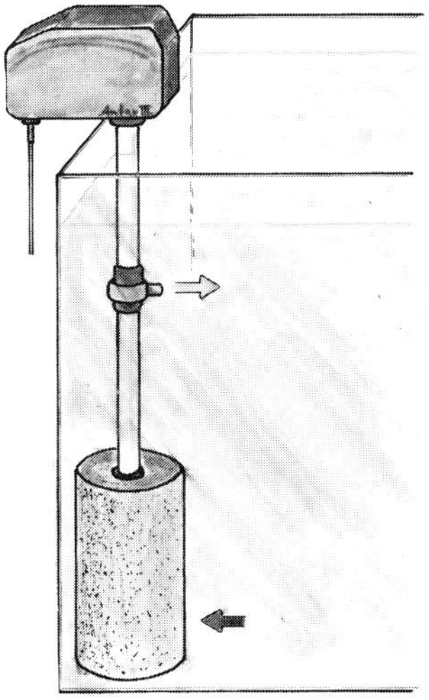

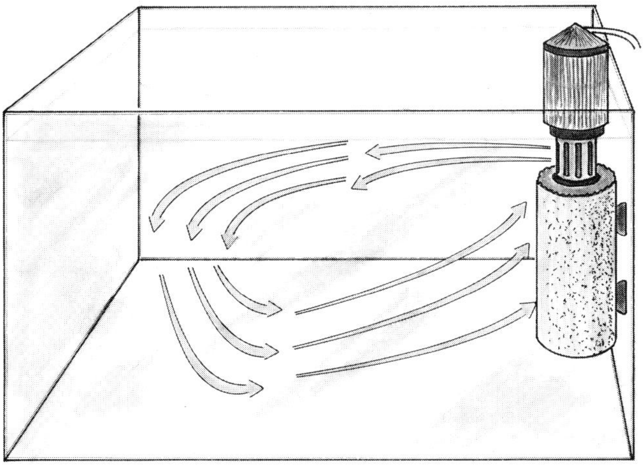

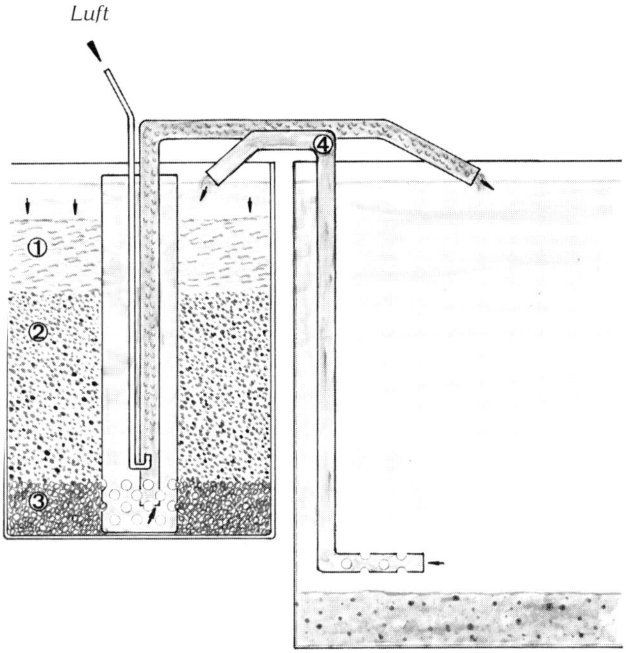

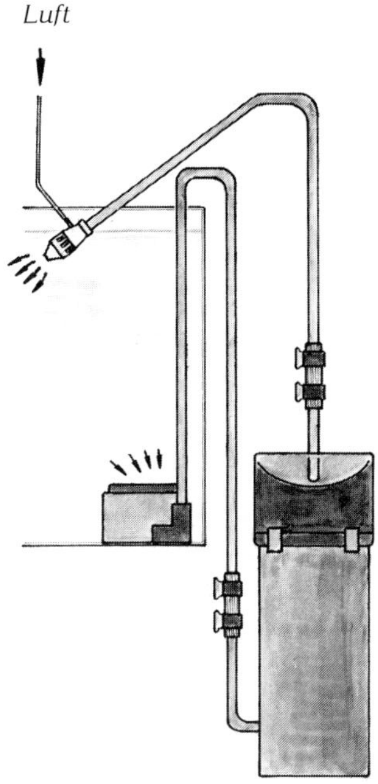

Bild 15: Der offene Außenfilter wird wie ein Rucksack an die Seite des Aquariums gehängt. Das Aquarienwasser läuft über ein Überlaufrohr (4) in den Filter (1), durchströmt das Filtermaterial (2 u. 3) und wird mit einer Luftförderpumpe wieder in das Becken zurückgepumpt. Bei diesem Filtersystem sollte die Membranpumpe unbedingt über dem Wasserspiegel des Aquariums angebracht werden, damit eine Umkehrung des Wasserkreislaufes ausgeschlossen wird.

Bild 16: Der geschlossene Außenfilter (Topffilter) wird mit einer elektrischen Pumpe betrieben, die auf dem Filtertopf montiert ist. Über den Eingangsschlauch wird das Wasser in den Filtertopf gesaugt. Es passiert das Filtermaterial und wird dann über die Pumpenkammer und den Auslaufschlauch wieder in das Becken gepumpt. Saugfilter haben eine beträchtlich höhere Förderleistung als eine Luftförderpumpe, und sie erzeugen deshalb auch einen starken Filterstrom. Die Wasserauslaufdüse kann von einem Diffusor zusätzlich mit Luft versorgt werden, die das Wasser mit Sauerstoff anreichert.

ter haben eine beträchtlich höhere Förderleistung als eine Luftförderpumpe, und sie erzeugen deswegen auch einen starken Filterstrom.

Gerade wegen des erhöhten Wasserdurchsatzes haben Saugfilter keine lange Arbeitszeit. Das Filtermaterial setzt sich leicht zu, und damit ist ein starker Leistungsabfall verbunden. Er zeigt an, wann das Filtermaterial gereinigt werden muß. Das Filtermaterial wäscht man am besten in einem Eimer unter fließendem Wasser aus. Das Waschwasser wird solange abgegossen bis keine Trübstoffe mehr vorhanden sind.

Der biologische Filter

Biologische Filterung: gezielter Bakterieneinsatz zur Wasserreinigung.

In einem biologischen Filter übernehmen Bakterien die Wasserreinigung. Früher wurde einmal die These aufgestellt, das Wasser sei um so besser, je länger es im Aquarium stehe. Nach unseren heutigen Erfahrungen ist das aber nur eine Halbwahrheit. Zugegeben, lange in Ruhe gelassene Becken »funktionieren« zwar auffallend gut, doch liegt das nicht am »alten« Wasser, sondern daran, daß das Aquarium bakteriell gut eingefahren ist. Jedem, der ein Aquarium frisch einrichtet, wird folgende Anfangsschwierigkeit auffallen: Das Wasser ist trüb, die Pflanzen wachsen nicht recht, die Fische zeigen kaum Farbe und sind sehr krankheitsanfällig. Sind dann aber einige Wochen vergangen, dann klappt es auf einmal: Das Wasser klärt sich, die Pflanzen sprießen, und die Fische fühlen sich offensichtlich wohl. Woran liegt das? Die Antwort ist einfach - es hat sich nun ein hochwirksamer Bakterienrasen aufgebaut. Die vielfältige Bakterienflora hat sich am Boden, an Pflanzen und Einrichtungsgegenständen sowie im Filter festgesetzt und baut laufend anfallende Abfallstoffe ab. Holen wir einen Stein aus einem alteingerichteten Becken, dann fühlt er sich leicht glitschig an. Der Bakterienrasen hat eine leichte Schleimschicht gebildet. Die Stoffwechselprodukte im Aquarium sind chemisch gesehen Kohlenstoffverbindungen, vorwiegend Eiweiß und Harnstoffe. Wie wir schon gehört haben, werden diese Verbindungen durch aerobe Bakterien reduziert.

Dieser Prozeß bewirkt die Selbstreinigung des Wassers. Der Abbau von Stoffwechselprodukten kann sich jedoch nur dann vollziehen, wenn genügend Sauerstoff zur Verfügung steht. Fehlt der Sauerstoff, so setzen durch anaerobe Bakterien Fäulnisvorgänge ein, die als Endprodukte Giftstoffe wie etwa den nach faulen Eiern riechenden Schwefelwasserstoff hinterlassen.

Es ist naheliegend, die »schmutzfressenden« Eigenschaften der aeroben Bakterien bei der Filterung nutzbar zu machen und einen Filter ähnlich einer Kläranlage biologisch zu betreiben. Dazu sind zunächst einmal zwei Grundvoraussetzungen zu schaffen:

1. eine möglichst große Oberfläche des Filtermaterials, um damit eine entsprechend optimale Ansiedlungsfläche für die Bakterien zu schaffen;

2. eine fortlaufende Sauerstoffversorgung des Filtersubstrats zu gewährleisten.

Wir müssen davon ausgehen, daß alle handelsüblichen Filtergehäuse zu klein dimensioniert sind, um die Funktion eines gut arbeitenden biologischen Filters übernehmen zu können. Ideal wäre ein Filter, der dasselbe Fassungsvermögen hätte wie das Aquarium selbst - Doch wer kann das schon verwirklichen?

Ein biologischer Filter steht und fällt mit einer guten Sauerstoffversorgung.

Jedenfalls sollte ein Filtervolumen von 10% des Beckeninhalts nicht unterschritten werden. Am besten wäre es, wenn man den Filter so bauen könnte, daß das Filtermaterial nur eine geringe Schichtstärke hätte, damit eine gute Sauerstoffversorgung gewährleistet ist. Ein solcher Filter würde jedoch wegen seiner flächenmäßigen Ausdehnung viel Platz in Anspruch nehmen. Deswegen behelfen wir uns mit der sogenannten Gegenstrombelüftung. Wir plazieren einen Ausströmer unterhalb des Filtermaterials. Während das verschmutzte Wasser von oben nach unten fließt, perlt die Luft von unten zur Oberfläche. So werden auch die unteren Filter-

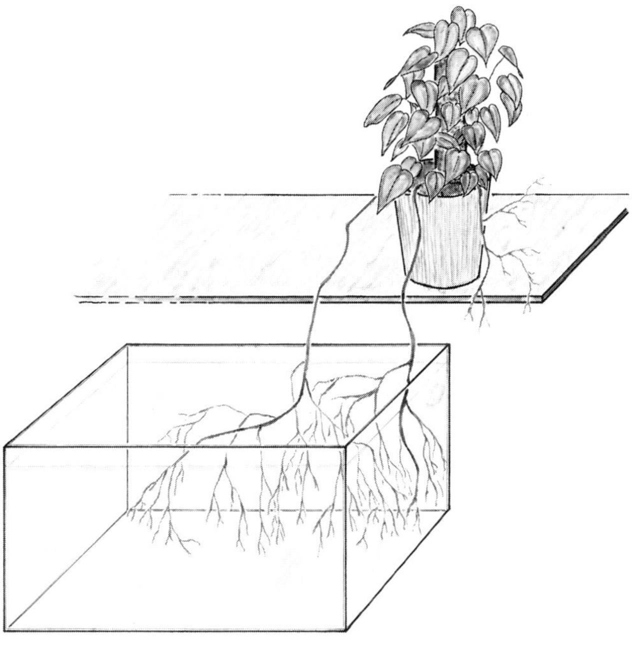

Bild 17: Überschüssige Nährstoffe kann man dem Aquarienwasser verstärkt entziehen, wenn die Luftwurzeln eines Philodendron ins Aquarium geleitet werden.

schichten mit Sauerstoff für die Bakterientätigkeit versorgt. Wichtig ist es, das Filtermaterial vor dem Zusetzen mit Schmutzpartikeln zu bewahren. Wir decken daher über das Filtersubstrat eine Schicht Filterwatte, die den gröbsten Schmutz zurückhält und jede Woche ausgewechselt bzw. ausgewaschen werden muß.
Der Aufbau eines biologischen Filters ist relativ einfach. Es ist ein offener Außenfilter, der mit einer Luftförderpumpe betrieben wird. Der Filter unterscheidet sich nur in seiner Größe und durch die zusätzliche Belüftung von einem normalen Außenfilter.
Aber auch eine biologische Filterung ersetzt einen regelmäßigen Wasserwechsel nicht. Die anfallenden Nährstoffe werden von den vorhandenen Wasserpflanzen nicht verbraucht, deshalb reichert sich Nitrat im Wasser an. Hier hilft nur der Wasserwechsel.
Es gibt aber auch noch eine andere Methode, die Nährstoffe dem Aquarienwasser verstärkt zu entziehen, mit der einige gewitzte Aquarianer gute Erfahrungen gemacht haben. Sie haben Luftwurzeln des Philodendron in das Aquarium geleitet. Diese bilden dann feine Saugwurzeln aus, über die im Wasser befindliche Nährstoffe aufgenommen werden. Die Nährstoffzehrung ist erheblich, und daneben sieht das Ganze auch noch recht dekorativ aus.

Tropenfische brauchen's warm

Die meisten Aquarienfische sind ausgesprochene Tropenkinder. Die Gewässer ihrer Heimat weisen Temperaturen zwischen 23 - 30 ° C auf und sind in der Regel nur geringen Temperaturschwankungen ausgesetzt. Wir kommen also nicht umhin, das Aquarienwasser für unsere Fische aufzuheizen, da die normale Zimmertemperatur um etwa 20 ° C auf Dauer nur für einige Arten zuträglich ist. Die Standardtemperatur für Aquarienfische beträgt in etwa 25 ° C. Mit dieser Temperatur wird man den meisten Arten gerecht. Da Fische sehr anpassungsfähig sind, vertragen sie auch über einen längeren Zeitraum Temperaturen, die um einige Grade nach oben oder unten von denen ihrer Ursprungsgewässer abweichen. Hält man nur eine Art, dann kann man ihr natürlich ihre Vorzugstemperatur bieten. Ansonsten sollte man es vermeiden, gerade solche Fische zu vergesellschaften, die extreme Temperaturansprüche nach oben und nach unten stellen. Welche Temperaturansprüche die gehaltenen Fische stellen, ist den einzelnen Fischbeschreibungen zu entnehmen.

Standardtemperatur für ein Gesellschaftsaquarium: 25 ° C (± 1 ° C).

Verschiedene Heizsysteme

Der Zoofachhandel bietet unterschiedliche Heizsysteme an. Für welches System Sie sich auch immer entscheiden, nehmen Sie auf alle Fälle eines mit einem Thermostaten, der automatisch abschaltet, wenn die Solltemperatur erreicht ist. Ist ein solcher Thermostat einmal richtig eingestellt, dann hält er die Temperatur konstant.
Die immer noch gebräuchlichsten Heizer sind die regelbaren **Stabheizer**. In einem solchen Heizstab sind die Heizspirale und der Temperaturregler in einer Glasröhre untergebracht, die man problemlos mit entsprechenden Saugern senkrecht innen an einer Scheibe befestigen kann. Diese Heizstäbe gibt es in mehreren Stärken von

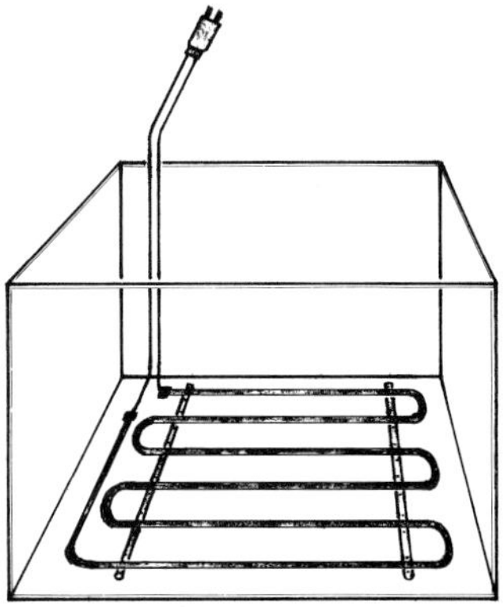

Bild 18: Außer mit den üblichen Stabheizern können wir das Aquarienwasser auch über ein Heizkabel erwärmen. Zur gleichmäßigen Wärmeverteilung wird es mäanderförmig im Bodengrund verlegt.

Heizerleistung bei Standort des Aquariums in normal geheiztem Raum: 0,3 - 0,5 Watt/Liter.

25 - 500 W. Steht Ihr Aquarium in einem normal beheizten Raum, dann genügt für den Heizer eine Leistung von 0,3 - 0,5 W pro Liter Wasser. Dagegen müssen Sie mit einer Leistung von 1 W pro Liter rechnen, wenn das Aquarium in einem ungeheizten Raum untergebracht ist.
Ich kann nur davor warnen, einen Stabheizer zu über-

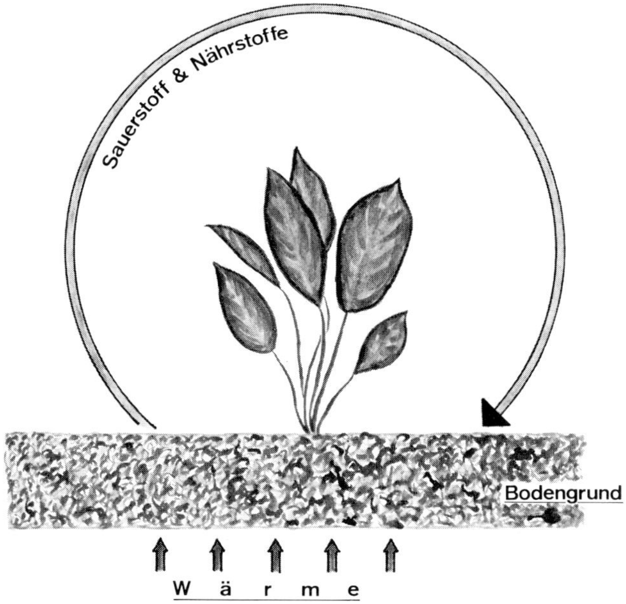

Bild 19: Ein in den Bodengrund verlegtes Heizkabel oder eine Heizmatte, auf die das Aquarium gestellt ist, haben den Vorteil, daß die Pflanzen keine kalten »Füße« bekommen. Zudem hat die Bodenheizung den Vorteil, daß der Wasseraustausch zwischen Bodengrund und freiem Wasser erheblich gefördert wird. Zum einen wird der Bodengrund mit Pflanzennährstoffen angereichert, zum anderen verhindert das nachströmende frische Wasser ein Stocken des Bodens.

Heizer nicht überdimensionieren!

dimensionieren! Diese Heizstäbe haben einen Bimetallregler, der die Kontakte für den Stromfluß schaltet. Diese Kontakte nutzen sich schnell ab und bleiben dann gerne hängen, wenn der Heizer zu oft schaltet. Ein überdimensionierter Heizstab schaltet schnell ab und an, die Gefahr der Abnutzung ist daher besonders groß. Wird der zu starke Heizer nicht mehr geregelt, weil die Kontakte verklebt sind, dann erwärmt er sehr schnell das Aquarienwasser und macht aus Ihrem Aquarium eine Fischsuppe!
Bei der Plazierung eines Stabheizers sollte man darauf achten, daß er immer vom Wasser umspült ist. Er darf daher nicht mit dem unteren Ende in den Bodengrund eingegraben werden und auch nicht direkt an einer

Scheibe anliegen, sonst gibt es Hitzestauungen, die zum Glasbruch führen können. Es empfiehlt sich daher, den Heizer in der Nähe des Filtereinlaufes anzubringen, weil die Strömung das angewärmte Wasser schneller verteilt. Der Zoofachhandel bietet auch Saugfilter an, in denen eine Heizung integriert ist, oder auch Wärmequellen, die in den Kreislauf eines Saugfilters außerhalb des Beckens eingefügt werden. Diese Heizungen haben den Vorteil, daß sie im Aquarium keinen Platz wegnehmen und ihre Wärme durch den Wasserstrom gleichmäßig verteilen.

Bodenheizer wärmen das Wasser unter dem Aquarienboden an. Das geschieht entweder durch eine Heizmatte, auf die das Aquarium gestellt wird, oder durch ein Heizkabel, das im Bodengrund verlegt ist. Beide Wärmequellen werden ebenfalls durch einen besonderen Thermostaten geregelt. Die Heizmatte hat den Vorteil, daß ihre Stromführung nicht mit dem Aquarienwasser in Berührung kommt. Heizmatte und -kabel haben noch einen weiteren Vorteil: Die aufsteigende Wärme bewirkt einen Wasseraustausch im Bodengrund. Das zirkulierende Wasser führt den Wurzeln der Aquarienpflanzen ständig Nährstoffe zu und durchlüftet gleichzeitig den Bodengrund.

Vorteil der Bodenheizung: Durchflutung des Bodengrundes.

Der durchlüftete Bodengrund wird ausreichend mit Sauerstoff versorgt, dadurch gedeihen die aeroben Bakterien gut und bauen eine wirksame Filterschicht auf. Die Heizleistung darf jedoch nicht zu stark sein, weil die Bodendurchflutung, soll sie den segensreichen Nebeneffekt für die Pflanzen erfüllen, nur sehr langsam sein darf. Das gesamte Aquarienwasser sollte höchstens ein- bis zweimal am Tag durch den Bodengrund fließen. Dazu reicht eine Leistung von 1 W pro 10 l Wasser ohne weiteres aus. Verwendet man eine Bodenheizung, dann darf der Bodengrund nicht zu feinkörnig sein, weil zu feines Material den Wasserdurchfluß hemmt und damit Hitzestauungen im Bodengrund vorprogrammiert sind. Das kann zur Folge haben, daß die Bodenscheibe springt. Man kann eine Bodenheizung auch mit einem herkömmlichen Regelheizer kombinieren, der so einreguliert wird, daß er nur dann arbeitet, wenn die Bodenheizung die erforderlichen Wärmegrade nicht schafft. Im übrigen brauchen Sie zur ständigen Temperaturkontrolle auf jeden Fall ein Aquarienthermometer, das mit

Saugnäpfen gut sichtbar, möglichst tief an einer Aquarienscheibe angebracht wird.

Elektrische Sicherheit

Mit Ausnahme der Heizmatte, die auch mit einem externen elektronischen Temperaturregler betrieben werden kann, führen alle anderen beschriebenen Heizsysteme elektrischen Strom - natürlich isoliert - in das Aquarienwasser. Bricht ein Heizstab, dann steht das Aquarium unter Strom, und Sie bekommen einen ordentlichen Schlag, wenn Sie ins Wasser greifen. Die Verbindung von Strom und Wasser kann tödlich sein! Kaufen Sie daher nur Heizer, die das VDE-Zeichen tragen, die allerdings auch dann nicht vor elektrischen Gefahren schützen, wenn sie gebrochen sind. Die Heizkabel werden mit Niedervoltspannung (42 V) betrieben, die ein dazugehöriger Trafo liefert. Hier ist die Gefahr eines ernsten elektrischen Unfalls wesentlich geringer. Der Handel bietet auch Fehlerstromschutzschalter an, die sofort ansprechen, wenn ein Elektrogerät defekt ist. Leider sind solche Geräte nicht gerade billig, sie bieten aber ein optimales Maß an Sicherheit - und das sollte es wert sein!

Sicherer Schutz gegen Stromunfälle: Fehlerstromschutzschalter.

Wenn Sie einen Heizstab aus dem Wasser nehmen wollen, dann ziehen Sie auf alle Fälle vorher den Netzstecker, denn der Regler spricht auf die niedrigere Umgebungstemperatur an und schaltet das Gerät ein. Das Glas zerspringt außerhalb des Wassers sehr schnell, wenn der Heizstab heiß wird. Fast alle geregelten Heizstäbe haben ein Kontrollämpchen, das je nach Heizerfabrikat aus oder an ist, wenn das Gerät arbeitet.

Die Beleuchtung – Energiespender für die Pflanzen

Eine ausreichende Beleuchtungsstärke und die richtige Auswahl der Lichtfarbe hat für den gesunden Pflanzenwuchs die entscheidende Bedeutung! Aber auch für die Fische ist die Beleuchtung des Aquariums von oben wichtiger als allgemein angenommen wird.
Die Tropenfische sind an einen 12-Stunden-Tag gewöhnt. Am Äquator geht morgens um 6.00 Uhr die Sonne auf und abends um 18.00 Uhr unter. Die Dämmerungszeiten sind nur sehr kurz. Mit der künstlichen Beleuchtung können wir unseren Fischen und gleichzeitig auch den Pflanzen den für ihren Lebensrhythmus wichtigen 12-Stunden-Tag bieten.
Damit haben wir schon die Frage der Beleuchtungsdauer beantwortet: Das Aquarium sollte am Tag mindestens 12 Stunden, höchstens aber 14 Stunden Licht erhalten. Damit dieser Rhythmus auch immer eingehalten wird, steuert man die Beleuchtung am besten über eine Schaltuhr. Auf keinen Fall aber sollten die Fische mit Ihnen aufstehen und schlafen gehen, denn Ihr Tagesrhythmus könnte doch zu stark schwanken.
Soll das Aquarium am Abend länger hell bleiben, dann müssen Sie die Beleuchtung am Morgen entsprechend später einschalten. Die Beleuchtung sollte immer von oben und nicht etwa von der Seite erfolgen. Es ist bekannt, daß die Pflanzen nach dem Licht wachsen, aber auch die Fische richten ihre Schwimmhaltung instinktiv nach dem Licht aus. Versuche haben gezeigt, daß bei ausschließlicher Lichtzufuhr von der Seite die Fische eine Schräglage eingenommen haben.
An die Beleuchtungsstärke stellen die Fische zwar keine großen Ansprüche, dagegen ist sie aber für einen guten Pflanzenwuchs von großer Bedeutung. In vielen Aquarien ist eine zu spärliche Lichtzufuhr die Ursache für ein schlechtes Gedeihen der Pflanzen. Oft wird auch übersehen, daß trotz an sich ausreichender Beleuchtungs-

Bild 20: Die Beleuchtung des Aquariums sollte immer von oben und nicht etwa von der Seite erfolgen. Es ist bekannt, daß Pflanzen nach dem Licht wachsen, aber auch die Fische richten ihre Schwimmhaltung instinktiv nach dem Licht aus. Fällt das Licht ausschließlich von der Seite ein, schwimmen die Fische in Schräglage.

Beleuchtungsdauer: mindestens 12 Stunden, höchstens 14 Stunden.

Die ausreichende Beleuchtung ist eine Grundvoraussetzung für gesunden Pflanzenwuchs.

stärke eine Schwimmpflanzendecke den Lichteinfall stark dämpft oder eine durch Kalkablagerungen blind gewordene Deckscheibe viel Licht schluckt. Schließlich absorbiert auch das Wasser Licht, besonders wenn es über Torf gefiltert wird und daher bernsteinfarben geworden ist.

Die richtige Beleuchtungsstärke

Standardgrößen der Leuchtstofflampen:

Länge	**50 cm**	**15 Watt**
Länge	**60 cm**	**20 Watt**
Länge	**90 cm**	**30 Watt**
Länge	**120 cm**	**40 Watt**
Länge	**150 cm**	**65 Watt**

Für die künstliche Beleuchtung des Aquariums nehmen nach wie vor die Leuchtstofflampen eine hervorragende Stellung ein, weil sie eine bessere Lichtausbeute haben als die herkömmlichen Glühlampen. Diese wandeln nämlich die meiste elektrische Energie in Wärme um und nur einen geringen Anteil in Licht.

Faustregel für die Beleuchtungsstärke: pro 2 l Wasser 1 Watt.

Die erforderliche Lichtstärke kann man sich bei einer Höhe des Aquariums von maximal 50 cm mit folgender Faustregel leicht ausrechnen: pro 2 l Wasser 1 Watt. Wenn also ein Aquarium mit den Ausmaßen 120 x 50 x 50 cm = 300 l Inhalt ausreichend beleuchtet werden soll, dann braucht es eine Beleuchtung mit Leuchtstofflampen, die 150 W aufnimmt. Das wären 4 Leuchtstofflampen mit 120 cm Länge à 40 W.
Leider gedeihen unter guten Lichtbedingungen auch die Grünalgen prächtig. Zu Ihrer Bekämpfung eignen sich besonders algenfressende Fische wie beispielsweise die skurrilen Antennenwelse. Die Algengefahr ist bei einer Neueinrichtung des Aquariums besonders groß. Wenn sich nach einem Zeitraum von einigen Wochen alle Lebensvorgänge im Aquarium eingespielt haben, ist es nicht mehr so schlimm. Erfahrungen haben gezeigt, daß auch eine reichliche Besetzung mit schnellwachsenden Wasserpflanzen die Algenbildung unterdrückt.

Die Lichtfarbe

Der Rotanteil des Lichtes fördert das Längenwachstum, der Blauanteil bewirkt einen gedrungenen Wuchs.

Für die Pflanzen ist Licht nicht gleich Licht. Die Lichtfarbe beeinflußt ihr Wachstumsverhalten. Hat das Licht einen hohen Rotanteil, dann wird das Längenwachstum der Pflanzen begünstigt. Hat es einen hohen Blauanteil, dann fördert das einen gedrungeneren Wuchs. Unser Auge bevorzugt das wärmere Licht, bei dem der Rotan-

teil im Spektrum überwiegt, das Licht mit einem höheren Blauanteil dagegen wirkt auf uns eher unnatürlich kalt. Auch die Fische wirken im wärmeren Licht farbenprächtiger.
Das Licht einer Glühlampe ist sehr angenehm, aber aus wirtschaftlichen Gründen und wegen der hohen Hitzeentwicklung nicht zu empfehlen. Hier sind inzwischen Quecksilberdampflampen entwickelt worden, die hervorragend für die Aquaristik geeignet sind - auf sie komme ich noch zu sprechen. Entscheiden wir uns für Leuchtstofflampen, dann bietet der Zoofachhandel eine reichliche Auswahl an Lichtfarben an, die wir für unsere Zwecke gut miteinander kombinieren können. Bei der Zusammensetzung sollten die Warmton-Leuchtstofflampen überwiegen. Es gibt auch Leuchtstofflampen, die dem Tageslicht im Spektralbereich entsprechen.
Häufig findet man auch über Aquarien spezielle Leuchtstofflampen, die das Pflanzenwachstum anregen. Diese Gro-Lux- oder Fluora-Lampen haben ein violettes Licht, das die Farben der Fische stark betont, leider so stark, daß sie reichlich unnatürlich bunt wirken. Diese Lampen begünstigen den Wuchs von Blaualgen und sollten daher nie allein, sondern höchstens in Kombination mit anderen Leuchtstofflampen verwendet werden.
Leuchtstofflampen verlieren nach längerem Betrieb an Leistung. Wir können das kaum wahrnehmen, weil sich dieser Prozeß sehr langsam vollzieht. Bei einer Brenndauer von 12-14 Stunden am Tag nimmt die Leuchtkraft nach einem halben Jahr etwa um die Hälfte ab. Damit die Pflanzen nicht leiden, müssen wir die Leuchtstoffröhren daher rechtzeitig auswechseln, und zwar noch bevor sie anfangen zu flackern.

Leuchtstofflampen verlieren nach 1/2 Jahr Betriebsdauer etwa die Hälfte ihrer Leuchtkraft.

Aquarienleuchten

Speziell für Aquarien sind die Abdeckleuchten entwickelt worden, die auf die Deckscheibe aufgelegt werden. Leider sind die gängigen Modelle unterdimensioniert, weil sie nur eine oder zwei Röhren aufnehmen. Es gibt aber auch komplette Aquarienabdeckungen in Form von Lampenkästen, in denen mehr Röhren untergebracht sind. Achten Sie beim Kauf unbedingt auf die elektrische Sicherheit. Alle stromführenden Teile müs-

Wichtig bei Aquarienleuchten: Schutz gegen Feuchtigkeit und Spritzwasser.

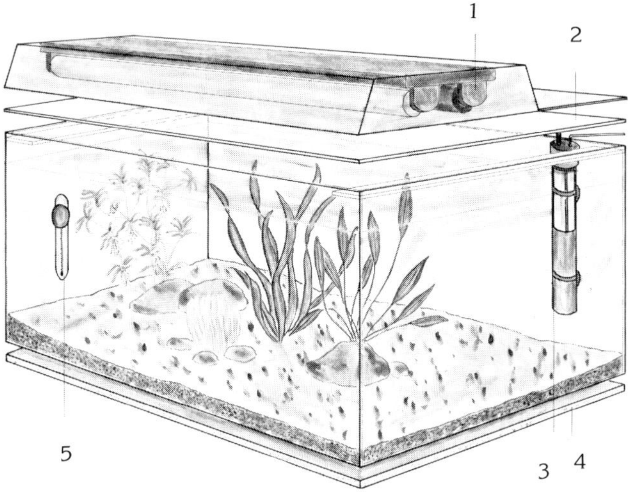

Bild 21: Eingerichtetes Vollglasaquarium mit der notwendigen technischen Ausrüstung.
1: Leuchtstofflampen in der Abdeckhaube integriert
2: Abdeckscheibe
3: Stabheizer mit eingebautem Temperaturregler
4: Ein Vollglasaquarium sollte immer auf eine elastische Unterlage gestellt werden. Dazu verwendet man entweder eine Styroporplatte oder eine Filzmatte.
5: Thermometer zur Kontrolle der Wasserwärme

sen unbedingt gegen Feuchtigkeit und Spritzwasser geschützt sein. Gewarnt werden muß auch vor den abenteuerlichen Selbstkonstruktionen, bei denen alle Teile ungehindert dem Wasserdampf und dem Spritzwasser ausgesetzt sind. Feuchtraumfassungen sind dringend zu empfehlen!

Alle Abdeckleuchten oder Lampenkästen müssen so konstruiert sein, daß eine Luftzirkulation gewährleistet ist, damit kein Hitzestau entsteht. Die käuflichen Modelle weisen meist entsprechende Belüftungslöcher oder -schlitze auf, durch die Wärme abgeführt wird.

Sehr elegant und auch praktisch sind Hängeleuchten, die über dem Aquarium angebracht werden. Sie werden mit einem Abstand von 10 - 20 cm über dem Aquarium an der Decke aufgehängt. Durch entsprechende Vorrichtungen können sie höher gehängt werden, wenn man im Aquarium hantieren muß. Auf diese Weise hat man noch das notwendige Licht, um etwas zu sehen. Hat man dagegen eine Abdeckleuchte oder einen Lampenkasten, dann muß man sie herunternehmen, um an das Wasser zu gelangen, und jegliche Beleuchtung ist damit praktisch genommen.

Um das Licht optimal auszunutzen, sollte jede Aquarienleuchte eine Reflexionsschicht haben, die das Licht nach unten reflektiert.

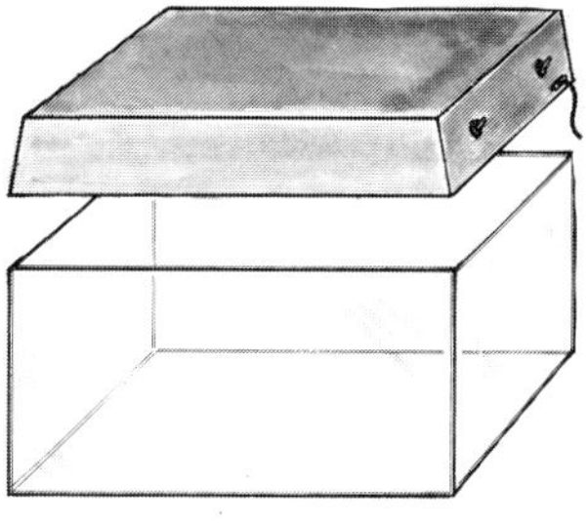

Bild 22: Für die künstliche Beleuchtung der Aquarien sind Lampenkästen konstruiert worden, in denen die Leuchtstofflampen integriert sind.

Quecksilberdampflampen

Quecksilberdampflampen haben eine hohe Lichtausbeute.

Neben den Leuchtstofflampen sind in letzter Zeit immer mehr Tiefstrahler in Mode gekommen, die mit Quecksilberdampflampen bestückt werden. Diese Art der Beleuchtung hat einige große Vorteile. Ihre Lichtausbeute ist sehr hoch, und sie eignet sich daher ganz besonders für Aquarien mit einer Höhe von mehr als 50 cm. Quecksilberdampflampen sind auch nicht einem so schnellen Verschleiß ausgesetzt wie Leuchtstofflampen. Sie verlieren im Laufe der Zeit nur wenig an Lichtleistung, ungefähr 20% innerhalb von zwei Jahren. Allerdings sind sie in ihrer Anschaffung nicht gerade billig. Man benötigt für sie einen besonderen Beleuchtungskörper mit einem Vorschaltgerät. Diese Lampen werden mit einem besonderen Hängegestell über dem Aquarium befestigt, oder sie hängen einfach von der Decke herab. Ihre Lichtzusammensetzung ist für das menschliche Auge sehr angenehm.

Bild 23: Für offene Aquarien haben sich Quecksilberdampflampen bestens bewährt.

Quecksilberdampflampen brauchen ungefähr fünf Minuten, bis sie ihre volle Leuchtstärke erreichen. Das hat den Vorteil, daß die Fische nicht abrupt mit dem Einschalten der Lampe dem vollen Licht ausgesetzt sind. Sie gewöhnen sich also langsam an die Helligkeit, was ganz besonders schreckhaften Fischen entgegenkommt, die sonst erst einmal in Panik umherschießen würden und dabei gerne auf dem Teppich landen.

Eine Deckscheibe sollte bei einer Beleuchtung mit Quecksilberdampflampen nicht aufgelegt werden. Auch das hat seinen besonderen Reiz. Aquarienpflanzen können so aus dem Wasser herauswachsen, was ungemein dekorativ wirkt. Die verstärkte Verdunstung von Wasser aus dem Aquarium ist zudem für das Raumklima förderlich. Unsere Räume sind ohnehin viel zu trocken. Bei einer Wassertiefe bis zu 50 cm brauchen wir 1,8 W Leistung pro Zentimeter Beckenlänge. Ist das Aquarium höher als 50 cm, dann muß die Leistung auf 2,5 W pro Zentimeter Beckenlänge erhöht werden. So erhalten wir eine optimale Ausleuchtung, die allerdings - auch das darf nicht verschwiegen werden - einiges an Strom verbraucht. Für ein Becken von 1 m Länge und einer Tiefe von 50 cm sind nach dieser Berechnung immerhin 180 W Leistung erforderlich. Quecksilberdampflampen gibt es für den Aquariengebrauch mit 80 und 120 W Lei-

Faustregel für die Dimensionierung von Quecksilberdampflampen:
bis 50 cm Beckenhöhe:
1,8 W/cm Beckenlänge
über 50 cm Beckenhöhe:
2,5 W/cm Beckenlänge

stung. Über einem Aquarium mit einer Kantenlänge von 1 m müßten wir also zwei Strahler à 80 W anbringen.
Wer besonderen Wert auf einen gesunden, üppigen Pflanzenwuchs legt, ist trotz der hohen Kosten mit Quecksilberdampflampen auf alle Fälle gut beraten.

Tafel VII
(von links nach rechts)

Bild 37: Die Blauen Antennenwelse, Ancistrus multispinnis, sehen zwar abenteuerlich aus, sind aber harmlose Gesellen, die sich vegetarisch ernähren und daher als gute Algenvertilger gelten.

Bild 38: Der Kleine Saugwels, Otocinclus affinis, wird etwa 5 cm lang. Mit seinem Saugmaul raspelt er unermüdlich Algen von Steinen, Moorkienhölzern und Pflanzen ab.

Bild 39: Welse haben geschmacksempfindliche Barteln, mit denen sie die Nahrung im Bodengrund aufspüren. Bei dieser Kopfstudie eines Schwielenwelses, Dianema longibarbis, sind die Barteln deutlich zu erkennen.

Bild 40: Die Panzerwelse aus der Gattung Corydoras sind besonders beliebte Pfleglinge, denn diese »Nutzfische« vertilgen die Futterreste auf dem Boden. Der Metallpanzerwels, Corydoras aeneus, wird etwa 7 cm lang und stammt aus den Zuläufen des Amazonas.

Bild 41: Der Leopardpanzerwels, Corydoras trilineatus, wird etwa 5 cm lang und stammt aus den Gewässern Perus.

Bild 42: Der Goldbindenpanzerwels, Corydoras schultzei, wird häufig mit dem Metallpanzerwels (C. aeneus) verwechselt. Die Männchen unterscheiden sich durch ihre schlankere Gestalt und haben außerdem einen längeren Brustflossenstachel.

Nützliches Zubehör - einfache Wartung

Tafel VIII
(von links nach rechts)

Bild 43: Der Kopfbindenpanzerwels, Corydoras melini, wird etwa 5 cm lang. Er ist in dem brasilianischen Bundesstaat Amazonas verbreitet.

Bild 44: Der Netzpanzerwels, Corydoras reticulatus, gehört zu den attraktivsten Erscheinungen seiner Gattung. Er wird etwa 6 cm lang; sein Verbreitungsgebiet: Brasilien (Amazonas bei Monte Alegre, Staat Pará).

Bild 45: Der Marmorierte Panzerwels, Corydoras paleatus, ist ein beliebter Pflegling, der etwa 7 cm lang wird.

Bild 46: Der Schwarzbindenpanzerwels, Corydoras melanistius, wird etwa 6 cm lang, er stammt aus den Guayanaländern.

Bild 47: Der beliebte Zwergpanzerwels, Corydoras pygmaeus, wird bis zu 2,5 cm lang.

Bild 48: Der Sichelfleckpanzerwels, Corydoras hastatus, gehört ebenfalls zu den Zwergen seiner Gattung, denn er wird nur 2,5–3 cm lang.

Die Aquarienindustrie hat eine verwirrende Vielfalt von Aquarienzubehör entwickelt, und es fällt dem Anfänger schwer, das Nützliche vom Überflüssigen zu unterscheiden. Aus diesem Grunde möchte ich an dieser Stelle mit einer Auflistung des wirklich unentbehrlichen Zubehörs ein wenig Entscheidungshilfe leisten.

Durchlüfter

Wenn Sie den Filter mit einer Luftförderpumpe betreiben, dann brauchen Sie zunächst eine leistungsfähige Membranpumpe. Entscheiden Sie sich hier aber nicht für ein Billigmodell. Die billigen Geräte sind sehr laut und verlieren schnell an Leistung. Die Pumpen laufen rund um die Uhr, jahraus, jahrein, und müssen daher solide gebaut sein. Auch dürfen sie nicht mit einem lauten Gebrumme die Nerven strapazieren. Es gibt einige gute Markenmodelle, die zwar in der Anschaffung etwas teurer sind, dafür aber auch jahrelang ohne Beanstandungen ihren Dienst versehen. Zum Anschluß der Pumpe an den Filter oder den Ausströmerstein gibt es im Fachhandel einen speziellen grünen Plastikschlauch. Die Luftzufuhr kann man mit Schlauchklemmen regulieren, die vor allem dann unentbehrlich sind, wenn die Pumpe mehrere Filter und Ausströmer betreiben soll. Die entsprechenden Abzweigstücke bietet der Zoofachhandel an.

Thermometer

Zur Kontrolle der Wassertemperatur braucht man ein Aquarienthermometer, das mit Saugern an der Scheibe befestigt wird. Es gibt auch Thermometer, die man in den Bodengrund steckt. Das Neueste vom neuen sind

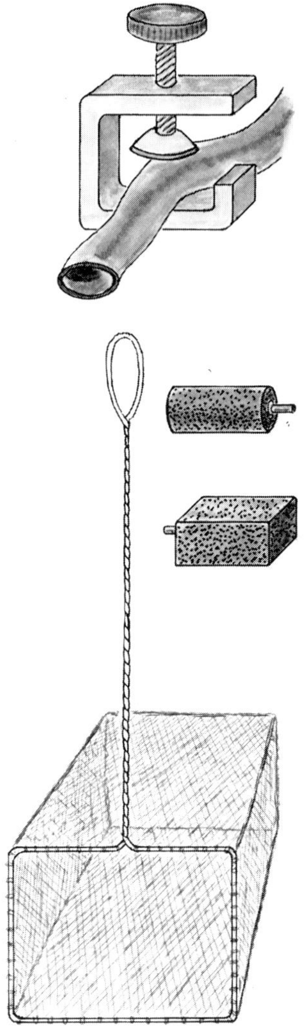

Bild 24: Notwendige Utensilien
Oben: Klemmschraube zur Regulierung der Luftzufuhr von Membranpumpen
Mitte: Ausströmersteine rund und rechteckig
Unten: Fangnetz

Kristallthermometer, die außen an die Scheibe geklebt werden. Anhand der Verfärbung auf der Temperaturskala kann man die Temperatur bequem ablesen.

Fanggeräte

Gleich von vornherein sollte man sich zumindest zwei nicht allzu kleine Fangnetze anschaffen. Mit zwei Netzen läßt sich ein Fisch leicht fangen: Mit dem einen treibt man ihn in das andere bereitgestellte Netz. Die häufig empfohlene Fangglocke ist heutzutage kaum noch im Handel anzutreffen, obwohl mit ihr die Fische sicherlich besonders schonend gefangen werden können. Gerade Welse und Schmerlen verheddern sich gern mit ihren kleinen Widerhäkchen in den Maschen. In einem solchen Fall müssen wir das Netz opfern und die Tiere herausschneiden.

Futterring

Damit sich das Trockenfutter nicht über die ganze Oberfläche verteilt und unkontrolliert im Becken verschwindet, sollten Sie einen Futterring mit einem Sauger an der Wasseroberfläche befestigen. Solche Ringe gibt es auch mit einem Einsatz für Wurmfutter, aus dem sich die Fische das Lebendfutter herauspicken. Das hat den Vorteil, daß die Würmer (beispielsweise Tubifex) nicht auf den Bodengrund sinken und sich dort sofort eingraben.

Reinigungszubehör

Für den Wasserwechsel verwendet man am besten zwei Plastikeimer, die nur für diesen Zweck bereitstehen und auf keinen Fall mit irgendwelchen Putzmitteln verunreinigt werden dürfen. Putzmittelreste sind hochgiftig für die Fische. Kennzeichnen Sie deshalb Ihre »Fischeimer«, damit jede Verwechslung ausgeschlossen wird. Da mit diesen Eimern das fehlende Wasser wieder ersetzt wird, sollten Sie einen Ausguß haben, weil Sie dann zielsicherer gießen können. Zum Absaugen des Wassers und von Mulmansammlungen verwenden Sie einen durchsichtigen Plastikschlauch von 1,5 - 2 m Länge und einem Durchmesser von etwa 1,5 - 2 cm. Ist der Durchmesser zu klein, dann verstopft der Schlauch sehr leicht, weil Sie auch bei größter Vorsicht immer kleine Kiesel vom Boden wegsaugen, die sich dann im Schlauch verkanten.

Zu dünne Absaugschläuche verstopfen leicht!

Zum Putzen der Scheiben werden verschiedene Gerätschaften angeboten. Es gibt Scheibenreiniger mit einem längeren Stiel, an dem vorne eine Rasierklinge angebracht ist. Damit können Sie, ohne in das Wasser greifen zu müssen, von oben nach unten die Scheibe entlangfahren und dabei den Belag abkratzen.

Praktisch sind auch die sogenannten Algenmagneten. Ein Magnet ist mit einer groben Filzbeschichtung versehen und wird von außen durch den zweiten Magneten gehalten und geführt. Der Putzmagnet muß allerdings immer sauber sein, vor allem darf er nicht mit dem Sand in Berührung kommen. Klemmt sich auch nur ein Sandkorn ein, dann zerkratzen Sie beim Hin- und Herfahren die Scheibe.

Immer noch am gründlichsten ist die Reinigung mit einem Haushaltsschwamm, der eine rauhe Filzseite hat, die normalerweise zum Topfreinigen genommen wird - beachten Sie unbedingt, daß der Schwamm nicht mit Putzmittel imprägniert sein darf! Leichte Scheibenbeläge lassen sich schnell mit der Schwammseite entfernen, und hartnäckige Algen und Kalkränder werden mit der rauhen Seite abgewischt. Bei dieser Methode müssen Sie allerdings mit der Hand ins Wasser greifen.

Schaltuhr

Damit eine regelmäßige und konstante Beleuchtung des Aquariums gewährleistet ist, sollten Sie auf eine Schaltuhr nicht verzichten. Diese Geräte sind recht preisgünstig geworden und einfach zu programmieren. Sie werden einfach in die Steckdose gesteckt und übernehmen dann präzise das Ein- und Ausschalten des Lichtes.

Eine Schaltuhr für die Beleuchtung ist dringend zu empfehlen.

Wassermeßgeräte

Als Anfänger sollten Sie sich zunächst einmal mit den einfach zu haltenden Fischarten beschäftigen und dabei Ihre Erfahrungen sammeln. Meßgeräte zur Bestimmung des Leit- und pH-Wertes des Wassers sind dazu erst einmal nicht notwendig. Sie können sich mit einfachen Tropfenindikatoren begnügen, um die Wasserwerte festzustellen.
Wer sich dann jedoch auf die Pflege schwierigerer Fischarten verlegt und dabei Züchterambitionen entwickelt, sollte so nach und nach die Anschaffung der entsprechenden elektronischen Meßgeräte ins Auge fassen. Diese sind zwar recht teuer, dafür aber sehr genau und einfach zu handhaben.
Zum Schluß ein gutgemeinter Rat: Lassen Sie sich am Anfang nicht von den vielen angebotenen Wasserzusätzen verwirren! Vorerst kommen Sie ohne solche Wasserzusätze aus. Man sollte sie erst dann anwenden, wenn man sie wirklich braucht. Anfangs ist man geneigt, zuviel des Guten zu tun, und die unkontrollierte Anwendung solcher Wasserzusätze richtet meist mehr Schaden an, als sie nützt.

Die Einrichtung – dekorativ und zweckmäßig

Die dekorative und zugleich zweckmäßige Einrichtung eines Aquariums ist wohl das schwierigste Kapitel. Einerseits soll uns das Aquarium auch über einen längeren Zeitraum gefallen, andererseits müssen wir aber auf die Ansprüche der gepflegten Fische Rücksicht nehmen. Daher sei gleich vorweg angemerkt, daß die Einrichtung des Aquariums zwangsläufig immer ein Kompromiß ist. Die Einrichtung sollte unseren ästhetischen Vorstellungen entsprechen und gleichzeitig einen Lebensraum schaffen, in dem sich die Fische wohlfühlen. Unsere ästhetischen Gesichtspunkte spielen für die Fische überhaupt keine Rolle. Wer einmal die natürlichen Lebensräume unserer Aquarienfische kennengelernt hat, weiß, daß sie nur in seltenen Fällen dem entsprechen, was der Aquarianer unter prachtvoller Unterwasserlandschaft versteht. Würden wir so manchen heimischen Biotop naturgetreu im Aquarium nachahmen, dann wäre die Enttäuschung, was den Dekorationswert betrifft, riesengroß.

Die Einrichtung eines Aquariums muß sich stets an den Lebensansprüchen der Fische orientieren.

Über Geschmack läßt sich nicht streiten, deshalb möchte ich mich nicht als Schulmeister in Geschmacksfragen aufspielen. Die Hauptsache ist, daß Ihnen Ihr Aquarium gefällt, so wie Sie es eingerichtet haben, und daß sich dort die zukünftigen Pfleglinge wohlfühlen und ihr natürliches Verhalten zeigen.

So wird sich kein Fisch an einem Plastikwrack auf dem Bodengrund stören, ihm ist auch die Keramikunterwasserburg schnurzegal, wenn sie ihm nur Unterschlupf bietet. Ich persönlich mag diesen Unterwasserkitsch nicht besonders und ziehe daher natürliche Dekorationsmaterialien vor.

Vor der Einrichtung muß der Besetzungsplan stehen.

Bei der Gestaltung eines Aquariums sollte man nicht planlos draufloswirtschaften. Schon vor seiner Einrichtung sollte der Besetzungsplan stehen. Ein Aquarium für Buntbarsche muß nun einmal zwangsläufig anders eingerichtet werden als ein Becken für Barben oder

Salmler. Möchten wir Arten aus verschiedenen Fischfamilien zusammen pflegen, dann muß das Aquarium den entsprechenden Lebensraum für alle bieten.
Höhlenbewohnende, revierbildende Fische müssen Grotten und Unterstände vorfinden, die Reviere sollten durch Sichtschranken abgegrenzt werden.
Lebhafte Schwarmfische brauchen freien Schwimmraum und auch Pflanzengewirr, in das sie sich bei Beunruhigung zurückziehen können. Scheue Fische lieben dunkle Partien mit dichtem Pflanzenbestand. Das alles kann man miteinander kombinieren und durch eine vernünftige Zusammenstellung der Fischarten durchaus reizvoll gestalten. Daher noch einmal mein Rat: Machen Sie sich vor der Einrichtung des Aquariums zunächst einmal Gedanken, welche Fische Sie pflegen möchten. Informieren Sie sich genau über ihre Lebensansprüche an ihren speziellen Lebensraum, und berücksichtigen Sie diese bei der Einrichtung. Es gibt leider schon zu viele bar jeder Sachkenntnis eingerichtete Becken, die zwar schön aussehen mögen, aber für die gehaltenen Fischarten völlig ungeeignet sind, weil nur allein der menschliche Geschmack bei der Einrichtung die Hand geführt hat. Jede nicht artgerechte Haltung von Tieren ist Quälerei - und das gilt auch für Fische!

Bild 25: Eine Styroporplatte läßt sich als Rückwand einfach strukturieren, indem man mit einem heißen Lötkolben Vertiefungen in das Material einschmilzt. Die zerklüftete Oberfläche streicht man am besten mit Dispersionsfarben. Man erhält so eine lebendige Struktur, die sehr plastisch wirkt.

Die Gestaltung der Rückwand

Ein Aquarium stellt einen abgeschlossenen Lebensraum dar, und das sollte auch optisch durch den hinteren Abschluß mit einer Rückwand zum Ausdruck gebracht werden. Ausgenommen davon sind natürlich von allen Seiten einsehbare Raumteilerbecken, deren Gestaltung ein besonders großes Einfühlungsvermögen voraussetzt.
Steht das Aquarium an einer Wand, dann stört die durchscheinende Tapete meist den Gesamteindruck, weil ihre Farbe oder ihr Muster nun nicht unbedingt in Einklang mit dem Innenleben des Beckens steht. Vor einer Rückwand heben sich die Pflanzen viel besser ab, und das Aquarium gewinnt optisch an Raum.
Die einfachste Möglichkeit der Rückwandgestaltung besteht darin, die hintere Scheibe von außen einfach mit einer dunklen Dispersionsfarbe zu streichen; nehmen

Sie für diesen Anstrich Schwarz oder eine Erdfarbe - also natürlich wirkende Farbtöne. Von einem grünen Anstrich muß ich abraten, weil sich nichts mehr beißen kann als unterschiedliche grüne Töne. Auch würde sich das Grün der Pflanzen vor einer solchen Rückwand nicht mehr wohltuend abheben.
Da der Hintergrund eines Aquariums mit Pflanzen besetzt wird, macht es auch wenig aus, daß die einfach gestrichene Rückwand keine Struktur aufweist.
Wollen Sie die Scheibe nicht direkt anstreichen, dann können Sie auch einfach ein entsprechend gefärbtes Stück Pappe oder besser noch eine gestrichene Styroporplatte dahinterstellen, die gleichzeitig auch vor Wärmeverlusten schützt.
Styroporplatten können Sie mit einfachen Mitteln strukturieren, indem Sie mit einem heißen Lötkolben Vertiefungen in das Material einschmelzen. In diesem Fall sollte die Platte mindestens 2 cm stark sein. Die so zerklüftete Oberfläche streichen Sie dann am besten gründlich mit einer Farbe bis in alle Vertiefungen. In einem zweiten Anstrich fahren Sie mit dem Pinsel in einer anderen, dazu passenden Farbe leicht über die Erhebungen. So erhalten Sie eine lebendige Struktur, die sehr plastisch wirkt.
Eine so gestaltete Rückwand können Sie auch im Aquarium anbringen. Da das Styropor aufschwimmt, müssen Sie es zwischen der Bodenscheibe und der Deckscheibenauflage einklemmen. Sind die Höhlungen in der Rückwand tief genug, dann können Sie in diesen auch Aufsitzerpflanzen wie Javafarn und Javamoos verankern, die nach einiger Zeit darauf festwachsen. Die Rückwand, die vom Wasser umspült wird, darf nur mit ungiftigen Farben bestrichen werden. Wasserfeste Dispersionsfarben sind nach meinen jahrelangen Erfahrungen unschädlich.
Mit ein wenig Geschick können Sie sich auch eine Rückwand mit verschiedenen Dekorationsmaterialien wie Moorkienholz, Torfplatten, Zierkork oder Steinen selbst herstellen. Dazu brauchen Sie eine Trägerplatte aus Eternit, die Sie mit einem Holzrahmen umschließen. Danach ordnen Sie das Dekorationsmaterial nach Ihren Vorstellungen darauf an und vergießen das Ganze mit einem Zweikomponenten-Polyesterharz. Nach dem Aushärten entfernen Sie den Rahmen und streichen den

Bild 26: Mit etwas Geschick kann man sich auch eine Rückwand mit verschiedenen Dekorationsmaterialien wie Moorkienholz, Torfplatten, Zierkork oder Steinen selbst herstellen. Dazu braucht man eine Trägerplatte aus Eternit, die mit einem Holzrahmen umschlossen wird. Auf der Platte wird das Dekorationsmaterial angeordnet und dann mit einem Zweikomponenten-Polyesterharz vergossen. Nach dem Aushärten wird der Rahmen entfernt, der Plattenrand und die Rückseite werden mit flüssigem Kunststoff bestrichen.

Eine Styroporrückwand kann auch ins Becken gestellt werden.

Rand und die Rückseite mit flüssigem Kunststoff. Lassen Sie dann das Ganze eine Woche stehen. Danach wässern Sie die Rückwand für einige Tage. Erst jetzt können Sie die fertige Rückwand in das Aquarium einsetzen. Wenn Ihnen das alles zuviel Arbeit ist, dann können Sie fertige Rückwände auch im Handel beziehen. Dort werden beispielsweise von der Rolle Fotorückwände mit Wasserpflanzenmotiven angeboten. Es gelingt allerdings nicht immer, solche fertigen Fotos gekonnt mit in die Gesamtdekoration einzubeziehen, da Sie mit dem Bild bereits festgelegt sind.
Wer ein Aquarium für die Buntbarsche aus dem Malawi- oder Tanganjikasee anlegt, kann auf eine künstliche Rückwand verzichten, wenn er, den Lebensgewohnheiten dieser Fische entsprechend, den hinteren Bereich des Beckens mit Steinaufbauten versieht, die bis fast an den oberen Rand reichen. Solche Steinaufbauten haben natürlich ein großes Gewicht – prüfen Sie vorher auf alle Fälle die Tragfähigkeit der Unterkonstruktion Ihres Aquariums.

Der Bodengrund

Wenn Sie Ihr Aquarium mit Steinaufbauten dekorieren, um beispielsweise Höhlen zu schaffen, dann legen Sie zunächst eine entsprechend große Styroporplatte von

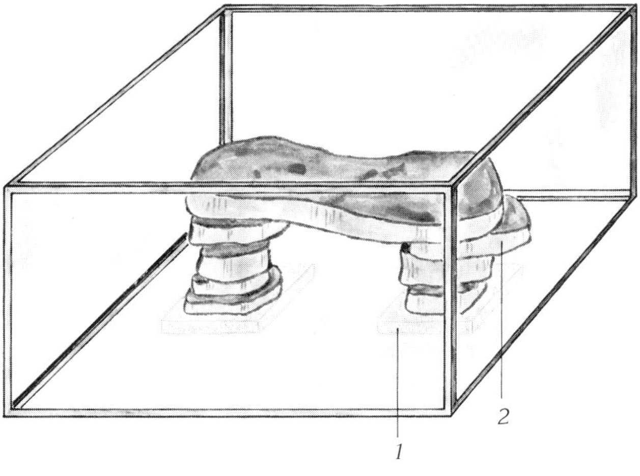

Bild 27: Schwere Steinaufbauten verklebt man am besten mit Silikonkautschuk und stellt sie auf Styroporplatten.
1: Styroporplatte
2: Verklebte Steine mit Silikonkautschuk

10 mm Stärke auf den Glasboden und ordnen darüber die Steine an, wodurch Spannungen auf dem Glasboden vermieden werden. Erst dann wird der Bodengrund eingefüllt. Werden die Steine dagegen nur auf Kies oder Sand geschichtet, haben Sie unter Umständen auf Sand gebaut: Wühlende Fische können im Laufe der Zeit die Steinaufbauten unterminieren, so daß die ganze Pracht zusammenfällt. Schlägt bei einem solchen Einsturz ein Stein gegen die Scheibe, kann es Bruch geben.

Steinaufbauten niemals auf den Bodengrund stellen!

Wählen Sie als Bodenbelag möglichst dunklen Sand oder Kies, denn die Fische fühlen sich über einem dunklen Grund wohler, und ihre Farben kommen besser zur Geltung. Für den Bodenbelag ist ein nicht zu feiner Sand aus einem klaren Bach oder Kies mit einer Körnung bis etwa 4 mm geeignet. Sand oder Kies erhalten Sie im Zoofachhandel. Brauchen Sie größere Mengen, dann ist der Baustoffhandel preislich günstiger. Beziehen Sie den Kies nicht aus dem Zoofachhandel, dann sollten Sie ihn erst auf seine Aquarientauglichkeit prüfen: Er darf keinerlei Zement- oder Kalkverunreinigungen aufweisen und muß aus einem Material bestehen, das das Wasser nicht aufhärtet. Machen Sie die Säureprobe!

Geeigneter Bodengrund: grober Bachsand, bunter Kies bis 4 mm Körnung.

Geben Sie etwas Kies in ein Plastikgefäß und träufeln Sie dann (vorsichtig!) etwas Salzsäure darauf. Schäumt die Salzsäure auf, dann besteht der Kies aus Steinen, die Kalk enthalten - er ist dann für ein Weichwasseraquarium nicht geeignet. Auf jeden Fall muß der Bodengrund so lange gewaschen werden, bis das Spülwasser einigermaßen klar abläuft.

Gemahlenes Lavagestein oder auch Basaltsplitt wirkt als Bodengrund recht dekorativ, dennoch muß ich davor warnen: Diese Materialien sind sehr scharfkantig; Fische, die gerne im Bodengrund herumstöbern wie Panzerwelse oder auch gründelnde Barben, verletzen sich daran sehr leicht. Panzerwelse verlieren dabei im Laufe der Zeit ihre empfindlichen Tastorgane, die Barteln. Der Bodengrund sollte an den Stellen, an denen Pflanzen eingesetzt werden, etwa 5-8 cm hoch aufgeschichtet sein. Auf Beimengungen jeder Art können Sie getrost verzichten. Pflanzen, die ihre Nährstoffe vorwiegend nicht aus dem Wasser direkt beziehen, sondern über ihre Wurzeln aufnehmen, düngen Sie am besten direkt nach dem Einsetzen im Wurzelbereich.

Bei gründelnden Fischen niemals scharfkantiges Bodengrundmaterial verwenden!

Maximale Bodengrundstärke: 8 cm.

Dekorationsmaterialien

Für die Gestaltung des Aquariums haben sich verschiedene natürliche Materialien bewährt. Das sind vor allem Steine, Steinholz und Moorkienwurzeln, aber auch Bambusstäbe werden gerne verwendet.
Eine große Bedeutung kommt - wie in der Natur - den Steinen zu. Mit ihnen läßt sich das Aquarium gut untergliedern, mit ihnen können wir Terrassen anlegen oder Höhlen bauen.
Grundsätzlich sind nur solche Gesteine für unsere

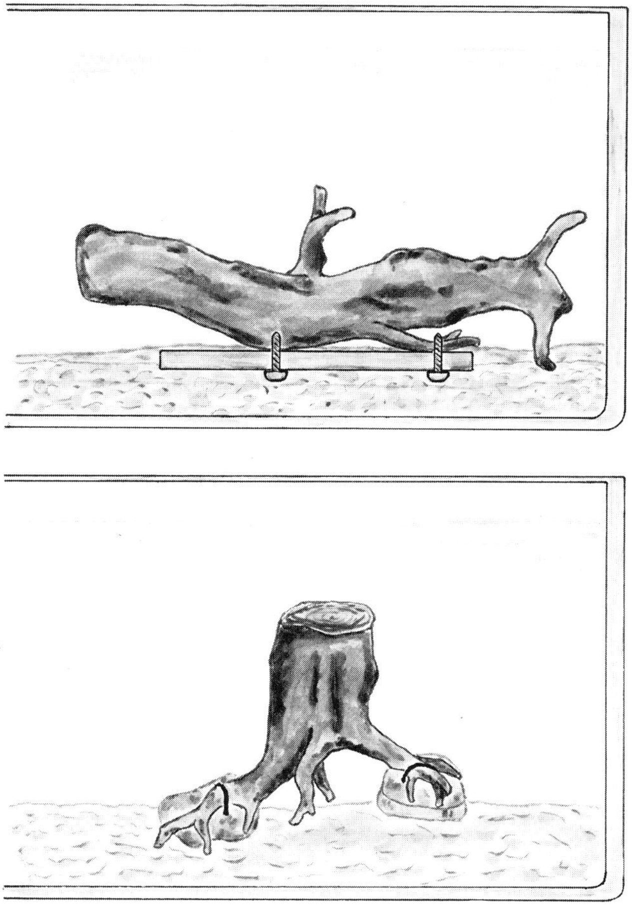

Bild 28: Ausgetrocknete Moorkienwurzeln haben zunächst einen starken Auftrieb, den man folgendermaßen überwinden kann: Oben: Mit Schrauben aus Edelstahl wird die Moorkienwurzel auf eine Kunststoffplatte aufgeschraubt, die dann in den Bodengrund versenkt wird. Unten: Zur Versenkung der Moorkienwurzel kann man sie mit Perlonfäden an schwere Steine binden.

Zwecke verwendungsfähig, die das Wasser nicht unnötig aufhärten, also keinen Kalk enthalten. Urgestein wie Granit ist unbedenklich, auch Basalt, Lavabrocken oder Schiefer sind geeignet.
Sandstein und andere Sedimentgesteine sollten Sie mit der Salzsäureprobe vorsichtshalber erst einmal auf ihren Kalkgehalt prüfen.
Moorkienholz wirkt sehr dekorativ. Dabei handelt es sich um Wurzeln, die jahrelang im Moor eingeschlossen waren und bei der Torfgewinnung an die Oberfläche kommen. Die Huminsäuren des Moors haben diese Wurzeln durchdrungen und konserviert. Sie faulen daher nicht und bieten sich als Dekorationsmaterial im Aquarium wegen ihrer Natürlichkeit geradezu an.
Wer sich solche Wurzeln aus den Hochmooren nicht selbst besorgen kann, bezieht sie im Zoofachhandel. Besonders schöne Stücke sind allerdings recht teuer. Leider kann man auch nicht so ohne weiteres feststellen, ob das Holz auch wirklich durch und durch mit Huminsäuren imprägniert ist. Dazu müßte man es durchschneiden. Erwischt man ein Stück, das innen nicht konserviert ist, dann besteht die Gefahr, daß das Holz zu faulen anfängt. Oft setzt es auch Schimmel an. Solche Wurzeln müssen Sie sofort wieder aus dem Aquarium entfernen.
Bevor Moorkienholz in das Wasser gebracht wird, muß es zunächst einmal eingeweicht und dann gründlich abgeschrubbt werden. Da die Wurzeln meist ausgetrocknet sind, dauert es eine Weile, bis sie sich wieder mit Wasser vollgesogen haben und untergehen. Sofern die Möglichkeit dazu besteht, kann man durch Auskochen der Wurzeln ein wenig nachhelfen. Wenn das Moorkienholz nicht von selbst auf den Bodengrund sinkt, dann muß es dort verankert werden. So kann man die Wurzeln mit einer dünnen Perlonschnur an einen Stein binden oder mit Silikonkautschuk auf eine Plastik- oder Glasscheibe kleben, über die dann der Bodengrund gefüllt wird. Anstelle des Anklebens kann man die Wurzeln auch mit einer rostfreien Schraube durch die Plastikplatte aufschrauben.
Moorkienholz wird gern von algenfressenden Fischen abgeraspelt. Wer beispielsweise Antennenwelse pflegt, wird feststellen, daß seine Moorkienhölzer immer blitzblank geputzt sind.

Bild 29: Viele bodengebundene Fische leben gerne in Höhlen und laichen dort auch ab. Aus einer leeren Kokosnußschale läßt sich leicht eine Höhle herstellen.

Nicht vollständig mit Huminsäuren imprägniertes Moorkienholz beginnt zu faulen!

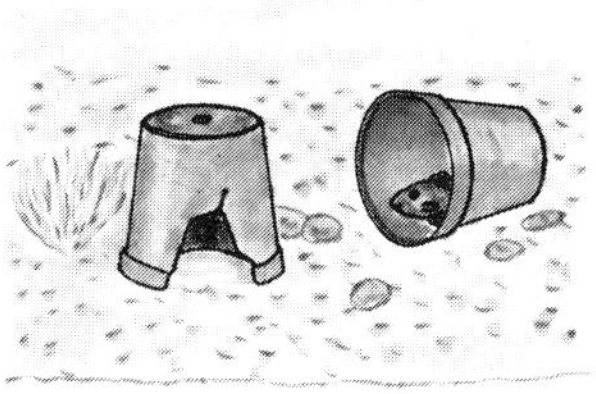

Bild 30: Umgelegte oder umgestülpte Blumentöpfe, aus deren Rand ein Stück herausgebrochen wurde, werden gerne von höhlenbewohnenden Fischen angenommen.

Große Moorkienwurzeln säuern weiches Wasser an. Daher: anfangs pH-Wert kontrollieren!

Größere Moorkienwurzeln säuern weiches Wasser an und beeinflussen daher den pH-Wert durchaus im positiven Sinne. Kontrollieren Sie aber auf alle Fälle über die ersten Wochen den pH-Wert, damit er nicht etwa in Verbindung mit einer Torffilterung tiefer als gewünscht absinkt. Moorkienholz, das nicht ganz in Ordnung ist, kann unter Umständen zu einer Nitritbildung beitragen. Beziehen Sie daher diese Möglichkeit mit in Ihre Überlegungen ein, wenn Sie aus scheinbar unerklärlichen Gründen einen zu hohen Nitritgehalt des Wassers feststellen.

Das Steinholz ist ebenfalls über den Zoofachhandel zu beziehen. Die meist sandgestrahlten Stücke sind sehr teuer, bereiten aber keine Schwierigkeiten, weil sie nicht aufschwimmen.

Höhlen für kleinere Fische lassen sich auf sehr praktische Weise aus einer leeren Kokosnuß herstellen. Die Kokosnuß wird am oberen Ende vorsichtig aufgesägt, und zwar so, daß ein möglichst kleines Loch entsteht. Nachdem das Fruchtfleisch entfernt worden ist, wird die Nußschale ausgekocht und steht nun als Unterschlupf für höhlenbewohnende Fische zur Verfügung. Gerade der Purpurprachtbarsch, *Pelvicachromis pulcher*, nimmt eine solche Höhle besonders gerne an. Die Kokosnuß wird am besten halb mit Sand gefüllt und dann in den Bodengrund eingegraben, so daß nur noch der obere Teil mit der Einschlupföffnung zu sehen ist.

Auch kleine Blumentöpfe, aus denen man mit einer Zange am Rand ein Stück herausgebrochen hat, eignen sich, auf den Kopf gestellt, als Höhlen.

Im Grunde bieten sich alle natürlichen Materialien zur Gestaltung eines Aquariums an, wenn sie keine fischschädigenden Stoffe absondern oder faulen. Der Vollständigkeit halber möchte ich darauf hinweisen, daß auch der Zoofachhandel etliche vorgefertigte Gestaltungsmaterialien anbietet. Das reicht von Plastikbausteinen zum Anlegen von Terrassen über Grottenkeramik bis hin zum berühmten Schiffswrack mit Taucher.

Gestaltungstips

Um eine bessere räumliche Wirkung zu erzielen, empfiehlt es sich, den Bodengrund nach hinten ansteigen zu lassen. Das kommt auch der Hintergrundbepflanzung entgegen, die das Aquarium nach hinten abgrenzt. Da es sich dabei um höher wachsende Pflanzen handelt, brauchen sie zur Ausbildung ihrer Wurzeln auch eine andere Bodengrundhöhe als kleiner bleibende Gewächse, die den Vordergrund beleben sollen.

Damit das Ansteigen des Bodengrundes auch auf Dauer in der vorgesehenen Form erhalten bleibt, sollten Sie terrassenförmig aufbauen und die Terrassen nach vorn

Ein Terrassenaufbau vermittelt räumliche Tiefe.

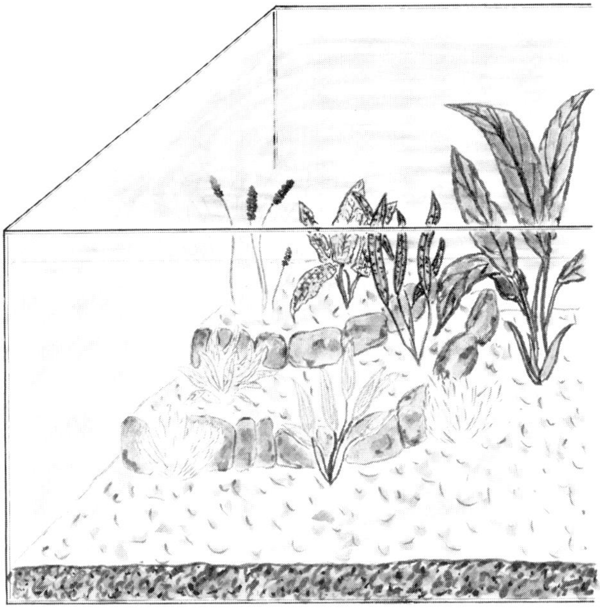

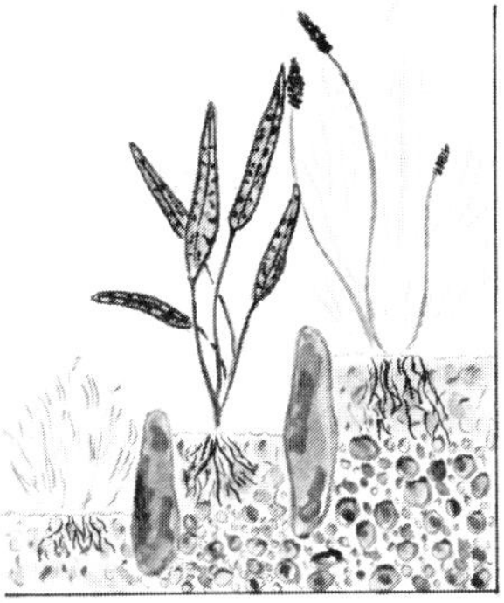

Bild 31: Eine gute räumliche Wirkung erzielt man, wenn der Bodengrund nach hinten terrassenförmig ansteigt. Um die einzelnen Terrassen dauerhaft zu erhalten, müssen sie mit Steinen abgestützt werden.

mit geeigneten Steinen abstützen, die auf der Bodenscheibe aufliegen, also nicht auf den Kies gelegt werden dürfen. Sonst erhält das Ganze nicht die notwendige Festigkeit und wird gern durch Schnecken, die sich im Bodengrund aufhalten, eingeebnet oder von Fischen unterwühlt. Um dem Aquarium optische Tiefe zu geben, sollten die Terrassen auch nicht parallel zur Vorderscheibe angelegt werden. Besser ist es, die Terrassen schräg auf einen Punkt im hinteren Teil des Beckens zulaufen zu lassen, der auch nicht in der Mitte liegen sollte. Besonders geschickt ist es, dann im Schnittpunkt der Terrassen den optischen (nicht tatsächlichen!) Mit-

Terrassen nicht parallel zur Sichtscheibe anordnen!

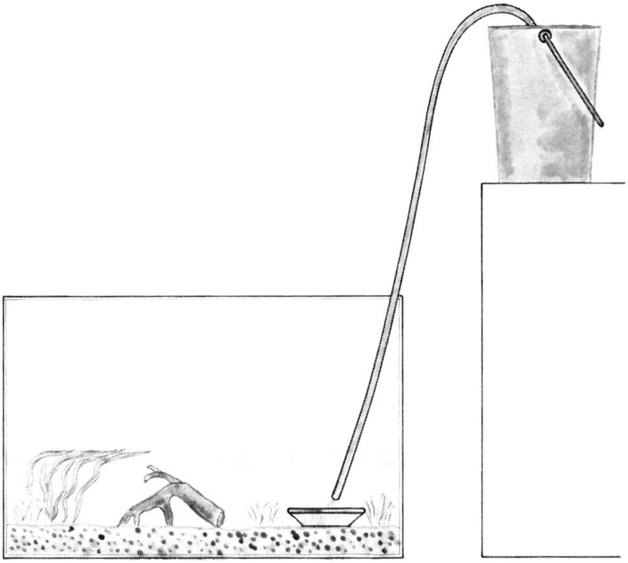

Bild 32: Damit beim Einfüllen des Wassers der Bodengrund nicht aufgewühlt wird, lenkt man den Wasserstrahl entweder auf einen breiten Stein oder auf eine Untertasse. So wird der Wasserstrahl gebremst und zur Seite abgelenkt.

telpunkt des Aquariums durch eine schöne Solitärpflanze zu betonen.
Steine sollten im Aquarium immer so geschichtet werden, wie sie in der Natur entstanden sind, und Moorkienwurzeln sollten so eingebaut werden, daß der Eindruck eines Wurzelstocks auch erhalten bleibt.

Der Besuch einer Aquarienausstellung gibt Anregungen zur Gestaltung.

Wenn Sie die Gelegenheit haben, die Ausstellung eines Aquarienvereins zu besuchen, dann sollten Sie diese unbedingt wahrnehmen und einmal ganz bewußt den Aufbau des Aquariums studieren, das Ihnen besonders gefällt. Mit Sicherheit wird Ihr Auge durch Gestaltungselemente wie beispielsweise Terrassen auf einen optischen Mittelpunkt geführt, der nicht mit dem tatsächlichen Mittelpunkt zu verwechseln ist. Die besondere Tiefenwirkung des Raumes entsteht durch die Verlagerung des optischen Zentrums nach hinten, und zwar auf einen nicht in der Mitte gelegenen Punkt.

Das Aquarium braucht einen optischen Mittelpunkt.

Hat das Aquarium eine solche klare Linienführung nicht, dann wirkt es nicht als harmonische Einheit, sondern zerfällt in verschiedene Teilbereiche und hinterläßt damit ein unruhiges Bild. Wird überhaupt kein optisches Zentrum angeboten, dann wiederum hat das Aquarium keine Spannung und wirkt langweilig.

Die Gestaltung des Aquariums setzt Vorstellungsvermögen voraus, weil bei dem Anlegen des Bodengrundes, der Terrassen und sonstigen Aufbauten die Pflanzenpartien optisch mit einkalkuliert werden müssen.
Die Pflanzen sollten erst dann gesetzt werden, wenn alles andere eingerichtet und das Becken bereits mit Wasser gefüllt ist. So können Sie die optische Wirkung viel besser kontrollieren.
Wenn die Pflanzen alle ihren Platz gefunden haben, dann saugen Sie das Wasser mit allem, was sich nach dem Einrichten noch am Grund abgesetzt hat, wieder ab und füllen neu auf.
Das Einlassen des Wassers erfordert ein wenig Geduld, denn es muß so vorsichtig geschehen, daß durch die Wucht des Wasserstrahls nicht der Bodengrund aufgewühlt wird. Am besten lassen Sie das Wasser aus dem Eimer über einen Schlauch einfließen, und zwar nicht direkt auf den Bodengrund, sondern auf einen Stein oder auf eine Untertasse. Auf diese Weise wird der Wasserstrom gebremst und zur Seite abgelenkt.

Pflanzen - mehr fürs Auge, weniger für den Fisch

Tafel IX
(von links nach rechts)

Bild 49: Von den Kampffischmännchen, Betta splendens, hier eine Schleierzuchtform, darf man nur ein Exemplar im Aquarium halten.

Bild 50: Der farbenprächtige Zwergfadenfisch, Colisa lalia, gehört zu den beliebtesten Aquarienfischen.

Bild 51: Der Gestreifte Fadenfisch, Colisa fasciata, liebt dichte Pflanzenbestände.

Bild 52: Der Mosaikfadenfisch, Trichogaster leeri, darf nicht mit rauflustigen Cichliden vergesellschaftet werden; er verliert sonst verschüchtert seine herrlichen Farben.

Bild 53: Der Knurrende Gurami, Trichopsis vittatus, stößt Laute aus, die auch außerhalb des Aquariums zu hören sind.

Bild 54: Der Ceylonmakropode, Belontia signata, kann ausgewachsen sehr ruppig werden, deshalb sollte man ihn mit größeren, robusten Fischen zusammen pflegen.

Die Bedeutung der Pflanzen für den Lebensbereich der Fische wird häufig stark überschätzt. Ich habe bereits erwähnt, daß die heimischen Biotope unserer Zierfische häufig recht enttäuschend aussehen, wenn man sie nur unter dem Gesichtspunkt unseres Schönheitsempfindens betrachtet. Viele Biotope weisen überhaupt keinen selbständigen Pflanzenwuchs auf, lediglich eine Randbepflanzung am Ufer, die bis in das Wasser reicht und so als Zufluchtsstätte dient.
Wenn wir uns einen hübschen Pflanzenwuchs im Aquarium wünschen, dann geht es dabei zunächst einmal um unser subjektives Schönheitsempfinden und erst in zweiter Linie um die Fische.
Dennoch, ganz ohne Nutzen sind die Pflanzen auch im Aquarium nicht. Bei der Assimilation setzen sie tagsüber Sauerstoff frei, der auch der Atmung der Fische zugute kommt. Allerdings scheiden sie nachts Kohlendioxid (CO_2) aus und lassen zusammen mit dem ausgeatmeten Kohlendioxid der Fische den Kohlensäuregehalt des Wassers ansteigen. Deshalb ist eine gute Durchlüftung nachts sehr wichtig, weil sie dafür sorgt, daß das Kohlendioxid ausgetrieben und Sauerstoff aufgenommen wird. Weiterhin nehmen die Wasserpflanzen zumindest einen Teil der im Aquarium durch den Stoffwechsel der Fische anfallenden Stickstoffverbindungen als Nährstoffe auf und geben über ihre Wurzeln Sauerstoff in den Bodengrund ab, was für ein gutes Gedeihen sauerstoffbedürftiger Bakterien nur förderlich sein kann. Auf diese Weise werden sauerstoffunabhängige (anaerobe) Fäulnisprozesse im Bodengrund verhindert. Weiterhin dienen die Pflanzenblätter auch kleinen Algen und Bakterien als Siedlungsfläche, was ebenfalls dem Abbau von Stoffwechselprodukten zugute kommt. Es ist schon sinnvoll, natürliche Wasserpflanzen denen

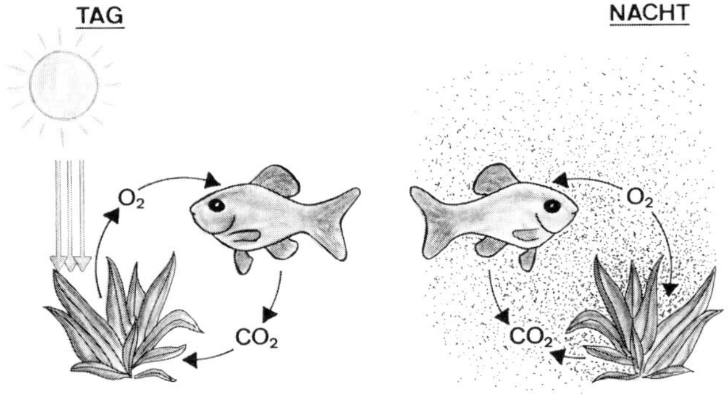

Bild 33: Sauerstoff- und Kohlendioxidaustausch
Links: Unter Lichteinwirkung nehmen die Pflanzen das von den Fischen ausgeatmete Kohlendioxid auf und geben Sauerstoff ab (Photosynthese).
Rechts: Nachts (ohne Lichteinwirkung) nehmen die Pflanzen Sauerstoff auf und geben Kohlendioxid ab. Deshalb ist es ratsam, nachts das Aquarium mit einem Sprudelstein zu durchlüften.

aus Plastik vorzuziehen, wobei Plastikpflanzen heute so täuschend echt aussehen, daß man erst beim genauen Hinsehen den Unterschied erkennt.
Pflanzenbestände dienen den Fischen auch als Zufluchtsstätte: Bei Beunruhigung suchen sie dort Deckung. Viele freilaichende Fischarten setzen ihre Eier zwischen Pflanzen ab. Die Jungbrut findet in dichten Pflanzenbeständen Schutz und erste Nahrung. Gerade zwischen dichten Pflanzenbeständen hält sich eine große Anzahl von Kleinstlebewesen auf, die für den ersten Nahrungsbedarf der Jungfische sehr wichtig sind.

Voraussetzungen für den gesunden Pflanzenwuchs

Das gesunde Pflanzenwachstum ist von mehreren Faktoren abhängig, deren Bedeutung für die einzelnen Arten unterschiedlich ist. Im allgemeinen gedeihen die Aquarienpflanzen gut, wenn man für günstiges Licht sorgt, die richtige Bodenmischung zusammenstellt und darauf achtet, daß genügend Nährstoffe vorhanden sind. Die Wasserbeschaffenheit spielt bei den meisten Unterwasserpflanzen keine so bedeutende Rolle, wie früher einmal angenommen wurde. Die meisten tropischen Wasserpflanzen kommen aus sehr weichem Wasser, und daher glaubte man, daß das Geheimnis für ihr gutes Gedeihen vor allem darin liege, ihnen auch bei der Kultur im Aquarium standortgetreue Wasserbedingungen zu bieten.

Tafel X
(von links nach rechts)

Bild 55: Vom Wildplaty, einer unscheinbaren grauen »Maus«, stammen prächtige Farbvarianten ab, die heute zu den beliebtesten Aquarienfischen zählen.

Bild 56: Korallenplaty

Bild 57: Wagtailplaty

Bild 58: Mickymausplaty

Bild 59: Der Guppy, auch Millionenfisch genannt, gehört zu den bekanntesten Aquarienfischen. Von ihm gibt es viele Zuchtformen mit unterschiedlichen Farbschlägen und Schwanzflossenformen.

Bild 60: Die Männchen des Schwertträgers (Xiphophorus helleri) unterscheiden sich von den Weibchen durch das langausgezogene Schwert am unteren Ende der Schwanzflosse.

Mittlerweile hat sich aber gezeigt, daß diese Pflanzen im Aquarium auch in mittelhartem Wasser durchaus gut gedeihen. Es soll aber nicht verschwiegen werden, daß es Ausnahmen gibt. Heikle Pflanzen indessen sollten den Spezialisten vorbehalten bleiben, der Anfänger wird mit ihnen wenig Freude haben. Bedeutungsvoller für den üppigen und gesunden Pflanzenwuchs ist die optimale Beleuchtung des Aquariums. Ohne die Energie des Lichtes ist kein Pflanzenwuchs möglich, denn nur unter ausreichender Beleuchtung wandelt das Blattgrün Kohlendioxid in Stärke und Zucker um. Diesen Vorgang nennt man Photosynthese. Fehlt es an ausreichendem Licht, dann kümmern die Pflanzen.

Ohne Licht kein Pflanzenwachstum!

Ein weiterer wichtiger Faktor für den Pflanzenwuchs ist der Bodengrund. Eine gute Sauerstoffversorgung des Bodengrundes ist die Voraussetzung dafür, daß sich gesunde weiße Wurzeln entwickeln können. Enthält der Bodengrund keinen freien Sauerstoff, dann werden die Wurzeln schwarz - der Wuchs stockt dann.

Durchlässiger Bodengrund = gute Sauerstoffversorgung.

Daraus folgt, daß der Bodengrund genügend durchlässig sein muß, damit das Wasser zirkulieren kann. Daher empfiehlt sich ein Kiesboden mit einer Körnung von 2 bis höchstens 5 mm. Der Kiesboden enthält immer Hohlräume, durch die eine leichte Wasserströmung möglich ist. Nach einem längeren Zeitraum setzen sich allerdings diese Hohlräume mit Mulm zu. So ist kaum zu vermeiden, daß nach 2-3 Jahren der Bodengrund gründlich ausgewaschen und das Aquarium neu eingerichtet werden muß. An dieser Stelle muß eindringlich davor gewarnt werden, den Bodengrund zur Förderung des Pflanzenwuchses mit Erdzusätzen zu spicken. Die organischen Bestandteile der Erde führen sehr schnell zu Fäulnisprozessen, die dann das Wasser sehr stark belasten. Die meisten Wasserpflanzen nehmen einen großen Teil der benötigten Nährstoffe über ihre Blätter auf. Für manche Wasserpflanzen haben die Wurzeln allein die Funktion der Verankerung, ihre Nährstoffversorgung erfolgt ausschließlich über die Blätter. Der Nährstoffgehalt des Bodens ist daher für viele Wasserpflanzen nicht allzu wichtig, so daß man auf Bodengrundzusätze getrost verzichten kann. Braucht eine Pflanze einen etwas nährstoffreicheren Boden, dann kann man sie auch gezielt düngen. Der Zoofachhandel bietet dafür Lehmkugeln oder Nährstofftabletten an, die einfach in

Viele Wasserpflanzen ernähren sich nur über ihre Blätter!

den Wurzelbereich gedrückt werden. Im übrigen erfolgt die Nährstoffversorgung über die Blätter, und wir müssen daher unser Augenmerk vor allem darauf richten, daß im Wasser die Nährstoffe vorhanden sind, die die Pflanzen für ihr Wachstum benötigen. An dieser Stelle muß ich nochmals auf die Bedeutung des Kohlendioxids hinweisen, das für die Photosynthese besonders entscheidend ist. Wasserpflanzen aus weichem und saurem Wasser finden in der Natur reichlich freies Kohlendioxid vor, von dem sie sich ohne weiteres ernähren können. Sie sind nicht in der Lage, das in mittelhartem oder hartem Wasser an Bikarbonate und Karbonate gebundene Kohlendioxid abzuspalten, um es für ihre Lebensvorgänge zugänglich zu machen. Die Zuführung von Kohlendioxid ist daher für diese Weichwasserpflanzen wichtig. Pflanzen aus härterem Wasser sind in der Lage, das gebundene Kohlendioxid aus den chemischen Verbindungen herauszulösen. Ist das freie Kohlendioxid im Wasser verbraucht, dann hungern die Weichwasserpflanzen. Die Hartwasserpflanzen dagegen entziehen nun dem Kalziumbikarbonat das Kohlendioxid. Das ist ein gefährlicher Prozeß, weil damit ein Anstieg des pH-Wertes einhergeht und sich das ungefährliche Ammonium aus dem Abbau der Stoffwechselprodukte nunmehr in das für Fische hochgiftige Ammoniak umwandelt. Diese Gefahr bannt man am besten, wenn man den Pflanzen freies Kohlendioxid anbietet.

Kohlendioxid ist der wichtigste Nährstoff für Wasserpflanzen.

Bei diesem Problem kommt uns der Zoofachhandel entgegen, denn er bietet für jeden Geldbeutel CO_2-Düngungsgeräte an. Die billigsten Geräte bestehen aus einem Diffusionsrohr mit einer Membrane, an das eine CO_2-Sprayflasche angeschlossen wird. Mit dem Sprühkopf der Sprayflasche wird dann täglich das Diffusionsrohr gefüllt.

Neben der CO_2-Versorgung ist auch eine Versorgung mit einem Volleisendünger ratsam, um den Nährstoffbedarf der Pflanzen voll abzudecken.

Wichtig für den gesunden Pflanzenwuchs ist auch der regelmäßige Wasserwechsel, gerade dann, wenn die Pflanzen vorschriftsmäßig gedüngt werden. Die Nährsalze werden nämlich von den Pflanzen nicht gleichmäßig aufgebraucht, das heißt, durch die ständige Zugabe von Nährsalzen erhöht sich der Gesamtmineralgehalt des Wassers langsam aber sicher, wenn er nicht durch

Wenn regelmäßig gedüngt wird, ist auch der periodische Wasserwechsel notwendig.

einen regelmäßigen Wasserwechsel wieder verdünnt wird.

Auswahl und Gruppierung der Wasserpflanzen

Die richtige Auswahl von Wasserpflanzen fällt vor allem dem Anfänger nicht leicht, weil er versucht ist, sich vom Aussehen der Pflanzen leiten zu lassen. Dabei berücksichtigt er meist ihre Pflegeansprüche nicht. Zunächst einmal muß darauf geachtet werden, daß nur solche Pflanzen gemeinsam gepflegt werden, die auch in etwa die gleichen Ansprüche an Wasser und Temperatur stellen. Dasselbe gilt für die Lichtansprüche. Besonders lichthungrige Pflanzen kümmern, wenn die Beleuchtung nicht ausreichend ist. Fürs erste ist daher ein Sortiment einfacher Pflanzen vorzuziehen, die keine allzu hohen Anforderungen an Wasser und Beleuchtung stellen. Im tabellarischen Anhang dieses Buches ist eine Auswahl von Wasserpflanzen angeführt, die gerade für den Anfänger geeignet sind.

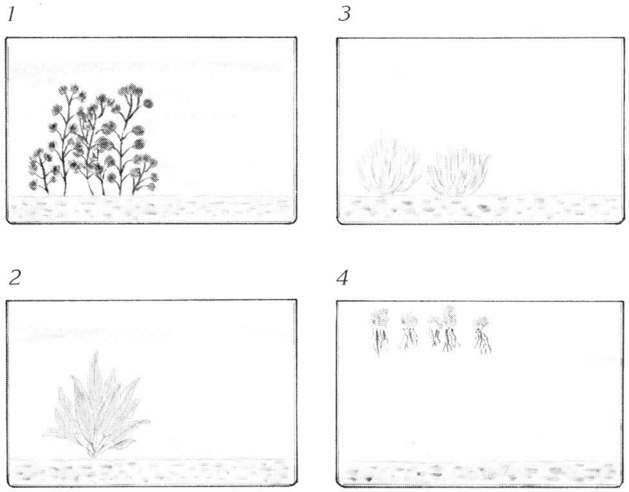

Bild 34: Standortkombination für Wasserpflanzen
1: Für den Hintergrund wählt man hohe Stengelpflanzen, die man in Gruppen setzt.
2: Blattausladende Pflanzen sind stets ein Mittelpunkt. Diese Solitärpflanzen setzt man in die Mitte, seitlich versetzt zur Aquarienmitte. Zu ihrer vollen Entfaltung braucht die Solitärpflanze den entsprechenden Raum.
3: Mittelhohe bis klein bleibende Buschpflanzen setzt man mehr zum Vordergrund hin, ihr Raumbedürfnis muß aber berücksichtigt werden.
4: Zur teilweisen Abschattung des Aquariums verwendet man am besten Schwimmpflanzen.

In der Beschränkung zeigt sich der Meister: Beschränken Sie sich vorerst auf leicht zu pflegende Pflanzenarten, nehmen aber dafür von jeder Sorte so viele Exemplare, daß Sie eine dichte Gruppe zusammenstellen können. Eine von vornherein großzügige Bepflanzung mit pflegeleichten Arten hat den Vorteil: Das dicht bepflanzte Aquarium kommt schneller ins Gleichgewicht als das, in dem hier und da mal ein Pflänzchen steht.

Eine großzügige Anfangsbepflanzung mit Stengelpflanzen beugt der Veralgung vor.

Spärlich bepflanzte Aquarien neigen besonders bei der Neueinrichtung zur Veralgung. Bei anfangs dicht bepflanzten Becken ist die Gefahr der Veralgung dagegen wesentlich geringer. Nach einigen Wochen können Sie so nach und nach einen Teil der »einfachen« Pflanzen durch »wertvollere« ersetzen. Diese empfindlicheren Pflanzen wachsen dann viel leichter an. Für die Bepflanzung noch eine Faustregel: Setzen Sie die Wasserpflanzen immer in dichten Gruppen. Zehn Wasserpflanzenstengel auf das gesamte Becken verteilt sind wirkungslos, aber zehn Stengel zu einem Busch zusammengefaßt machen bedeutend mehr her. Natürlich können Sie eine oder - je nach Beckengröße - auch mehrere Solitärpflanzen als Blickfang setzen.

Wasserpflanzen wirken in Gruppen am besten!

Solitärpflanzen breiten sich buschig aus und sind daher für sich allein schon ein Blickfang. Beim Kauf der Pflanzen müssen Sie sich auch gleich erkundigen, wie groß sie werden, weil Sie beim Setzen ihren Platzbedarf einkalkulieren müssen, damit sie später nicht eingeengt werden.

Für den Hintergrund bieten sich höher wachsende Pflanzen an. Stufen Sie nach vorne ab. Der Vordergrund darf, wenn er überhaupt bepflanzt werden soll, nur mit niedrig bleibenden Gewächsen besetzt werden. Der Zoofachhandel bietet viele rasenbildende Vordergrundpflanzen an, die aber sehr lichthungrig sind. Ein hoher Lichtbedarf ist mit einfachen Leuchtstofflampen bei normaler Aquarienhöhe nicht zu befriedigen, so daß Quecksilberdampflampen eingesetzt werden müßten. Von solchen lichthungrigen Pflanzen kann ich nur abraten, wenn sie auch noch so verlockend aussehen.

Niedrig bleibende Vordergrundpflanzen brauchen viel Licht!

Ein frischbepflanztes Aquarium braucht seine notwendige Ruhe: Die Pflanzen müssen zuerst den Umsetzungsschock überwinden und brauchen auch Zeit zum Anwurzeln. Aus diesem Grunde sollten Sie die Pflanzen auch nicht laufend umsetzen. Der Pflanzenwuchs kann Sie unter Umständen auf eine harte Geduldsprobe stellen. Anfangs stockt der Wuchs, und es stellen sich

Frisch gesetzte Pflanzen brauchen Ruhe!

manchmal lästige Algen ein. So können Sie über mehrere Wochen oder gar Monate an den Rand der Verzweiflung getrieben werden - und auf einmal klappt es! Üben Sie sich daher in Geduld.

Einsetzen und Pflege

Bevor die Pflanzen gesetzt werden, sollten sie gründlich ausgeputzt werden. Alle abgestorbenen Pflanzenteile, auch abgeknickte Stengel und Blätter, werden vorsichtig abgeschnitten. Entdecken Sie Schneckenlaich, dann wird er am besten mit dem Fingernagel vorsichtig abgeschabt. Prüfen Sie auch die Wurzeln: Abgestorbene Wurzeln sind braun und schlaff, sie sollten entfernt werden, so daß nur die gesunden weißen und elastischen Wurzeln übrigbleiben. Dann kürzen Sie die Wurzeln auf etwa ein Drittel mit einem scharfen Messer oder einer Schere. Das regt die Neubildung feiner Wurzeln an.
Sind die Pflanzen soweit vorbereitet, dann können sie an der vorgesehenen Stelle eingesetzt werden. Der Pflanzvorgang ist je nach Art der Pflanze unterschiedlich. Für Pflanzen mit Wurzelbärten bohren Sie mit dem Zeigefinger ein Loch in den Bodengrund und drücken dabei gleichzeitig die Wurzeln tief mit hinein. Der Kies oder Sand fällt sofort hinterher, wenn Sie den Finger wieder herausziehen. Eine etwa noch vorhandene Kuhle wird eingeebnet. Danach zupfen Sie vorsichtig die Pflanze hoch, bis gerade der Wurzelhals zu sehen ist. So werden umgebogene Wurzeln vermieden, die das Anwachsen erschweren.
Stengelpflanzen haben den Nachteil, daß sie sich noch nicht mit den Wurzeln im Bodengrund verankern können und somit sehr leicht wieder aufschwimmen. Sie sollten daher zunächst mit Steinen beschwert werden, bis sie angewachsen sind. Stengelpflanzen sprießen sehr schnell bis zur Wasseroberfläche, und viele haben die Tendenz, aus dem Wasser herauszuwachsen. Sie verkahlen dann gerne von unten her und müssen daher regelmäßig gekappt werden. Der gekappte obere Pflanzenteil wird einfach wieder eingesetzt. Pflanzen, die Rhizome (Wurzelstöcke) ausbilden, müssen so gesetzt werden, daß der Wurzelstock nicht mit Bodengrund überdeckt wird. Das ist vor allem bei den immer belieb-

Wurzelstöcke nicht mit Bodengrund überdecken!

Bild 35: Das Einsetzen der Aquarienpflanzen

1: Stark bewurzelte Pflanzen werden zunächst gründlich gesäubert, das heißt, man entfernt alle schadhaften und fäulnisverdächtigen Teile. Auch geknickte Stengel oder faulende Blätter werden entfernt.

2: Lange und stark verfilzte Wurzelbärte kürzt man um ein Drittel ein, das regt die Neubildung feiner Wurzeln an.

3: Vor dem Setzen formt man mit zwei Fingern ein entsprechendes Pflanzloch; danach wird die Pflanze eingesetzt. Dabei muß beachtet werden, daß die Wurzeln senkrecht im Pflanzloch stehen und der Wurzelhals über den Bodengrund herausragt.

4: Falsche Bepflanzung! Die Wurzeln liegen in Schräglage, der Wurzelhals steckt zu tief im Bodengrund.

ter werdenden Anubias-Arten der Fall. Aber auch die Rhizome des Javafarns müssen frei bleiben, er kann auf Steinen oder Moorkienwurzeln festgebunden werden. Mit der Zeit wurzelt er darauf an.
Beim Setzen der Wasserkelche ist darauf zu achten, daß die Austriebsstelle des Wurzelstocks nicht im Boden verschwindet.

Vermehrung der Pflanzen

Viele unserer Aquarienpflanzen vermehren sich bei gutem Gedeihen von selbst. Sie treiben Ableger und Aus-

läufer oder bilden Adventivpflanzen aus. Gerade die Pflanzen, die sich durch Ableger und Ausläufer vermehren, können bald das ganze Aquarium zuwuchern, wenn wir nicht Einhalt gebieten. Sobald die Ableger oder Ausläufer halb so groß geworden sind wie die Mutterpflanze, können wir sie ohne weiteres abtrennen und neu setzen. Die Vallisnerien und Sagittarien, aber auch die Wasserkelche breiten sich auf diese Weise aus.
Adventivpflanzen bilden sich nicht unterirdisch, sondern wie bei einigen Schwertpflanzen an Stengeln oder an den Blatträndern wie etwa bei Java- oder Schwimmfarn (*Ceratopteris*). Sobald diese Jungpflanzen kräftig

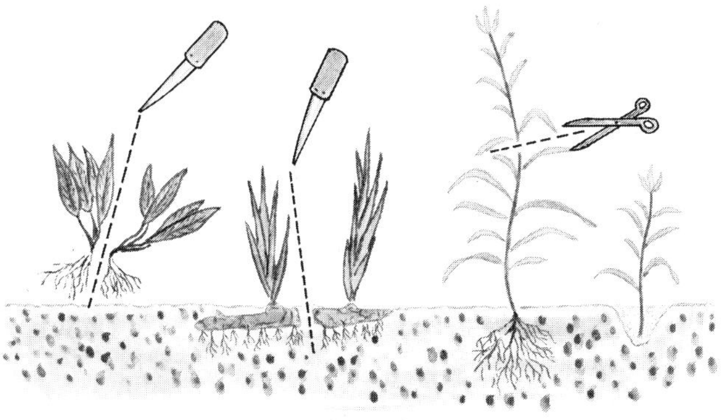

Bild 36: Vermehrung der Pflanzen
1: Groß gewordene Solitärpflanzen kann man zur Vermehrung ohne weiteres teilen. Die Pflanze wird mit einem scharfen Messer in der Mitte durchtrennt.
2: Pflanzen, die starke Wurzelstöcke bilden, können ebenfalls durch Teilung vermehrt werden. Das Rhizom wird mit einem Messer sauber durchtrennt, und zwar so, daß beide Wurzelstöcke einige Blätter behalten.
3: Sobald sich die Triebspitzen der Stengelpflanzen allzusehr der Wasseroberfläche nähern, muß man sie mit einem scharfen Messer einkürzen. Man kann die Triebe auf halber Höhe kappen, so daß man einen Steckling gewinnt.
4: Der eingekürzte Trieb einer Stengelpflanze wird in den Boden gesteckt, dort bildet er relativ schnell wieder Wurzeln.

geworden sind und schon Wurzeln gebildet haben, können sie abgetrennt und eingepflanzt werden.
Wurzelstöcke können durch Teilung vermehrt werden. Das Rhizom wird mit einem Messer sauber durchgetrennt, und zwar so, daß beide Wurzelstöcke Blätter behalten. Groß gewordene Solitärpflanzen wie die Amazonasschwertpflanze kann man ebenfalls teilen. Nimmt man solche Pflanzen aus dem Bodengrund, dann entdeckt man bald, daß die Pflanze schon vom Wuchs her eine Stelle anbietet, an der man sie ohne weiteres durchtrennen kann. Es empfiehlt sich aber, alle äußeren Blätter bis auf die frischen inneren zu entfernen, weil durch die Teilung die äußeren Blätter nicht mehr genügend versorgt werden können und ohnehin abgestoßen werden.

Schnecken- und Algenbekämpfung

Auf den Kauf von Wasserschnecken können Sie ruhigen Gewissens verzichten. Sie stellen sich meist von selbst ein, weil ihr Laich häufig mit den Wasserpflanzen oder mit dem selbstgefangenen Lebendfutter ins Aquarium eingeschleppt wird. Sie werden dann durch ihre Vermehrung schnell zur Plage, von großem Nutzen sind sie nicht. Die Posthornschnecke ist harmlos, auch die Turmdeckelschnecke können Sie dulden. In gewisser Hinsicht sind Turmdeckelschnecken sogar nützlich fürs Aquarium: Tagsüber leben sie im Boden, und wegen ihrer Grabtätigkeit lockern sie ihn auf. Dadurch wird der Boden gut durchlüftet. Allerdings planieren sie auch im Laufe der Zeit eine mühsam gestaltete Aquarienlandschaft um, wenn nicht alle Terrassen sorgfältig abgestützt worden sind. Die Turmdeckelschnecke vermehrt sich lebendgebärend und kann sehr schnell überhandnehmen. Wenn Sie nachts die Beleuchtung des Aquariums einschalten, erhalten Sie sehr schnell einen Überblick über den Bestand Ihrer Turmdeckelschnecken. Sie kommen nachts aus dem Boden und hängen an den Scheiben. Verlassen die Turmdeckelschnecken tagsüber den Boden, dann ist das ein sicherer Indikator dafür, daß mit dem Aquarium etwas nicht in Ordnung ist.

Turmdeckelschnecken lockern den Bodengrund auf.

Die Bekämpfung von Schnecken mit Chemikalien halte ich nicht für gut. Die Schnecken sterben ab, verwesen und belasten das Wasser, eine sicherlich nicht wünschenswerte Folgeerscheinung.

Am besten bekämpfen Sie Schnecken, wenn Sie sich einen oder mehrere Kugelfische leisten. Sie knacken die unerwünschten Gäste und können in verblüffend kurzer Zeit ein Aquarium schneckenleer fressen. Allerdings kommen dann aufgrund des noch vorhandenen Laiches neue Generationen nach, so daß die Kugelfische weiter im Aquarium bleiben müssen, auch wenn keine Schnecken mehr zu sehen sind. Die Kugelfische müssen aber nun zusätzlich mit Lebendfutter versorgt werden.

Kugelfische eignen sich zur Schneckenbekämpfung.

Unter gewissen Voraussetzungen können auch die Algen eine lästige Plage werden. In gut eingefahrenen Aquarien gibt es selten Algenprobleme. Sie nehmen überhand, wenn das Gleichgewicht gestört ist. Deshalb ist eine Algengefahr auch immer in neueingerichteten Becken besonders groß.

Im Filter und selbstverständlich auch im Aquarium selbst muß sich erst die notwendige Bakterienflora einstellen, die dann für einen reibungslosen Stickstoffabbau sorgt. Die Pflanzen müssen erst den Umsiedlungsschock überwunden haben und anwachsen, bevor sie durch ihre Sauerstoffproduktion und Nährstoffaufnahme zur Stabilisierung der Aquarienverhältnisse beitragen. Hier haben die Algen mit einem hohen Nitrat- und Phosphatbedarf die Chance, sich schnell auszubreiten. Unterbleibt der regelmäßige Wasserwechsel, der die anfallende Nährstoffkonzentration im Aquarium verdünnt, dann steigt sie in Bereiche, die von Wasserpflanzen nicht mehr vertragen werden. Während sie ihre Lebensvorgänge nun reduzieren, sind die Bedingungen für den Algenwuchs ideal.

Eine Algenplage ist meist auf Pflegefehler zurückzuführen. Die beste Vorbeugung ist eine einwandfreie Wasserhygiene.

Eine Algenplage ist meist auf Pflegefehler zurückzuführen. Die besonders lästigen **Blaualgen**, die Pflanzen, Steine, Bodengrund und Dekorationsmaterial mit einem blaugrünen Überzug versehen, zeigen ein nitratbelastetes Wasser an.

Zu reichliche Fütterung, verschlammte Filter, ein schlecht durchlüfteter Bodengrund, Fischleichen und verrottete Pflanzenteile können eine Blaualgenexplosion hervorrufen. Zwar kann man die Blaualgen leicht durch Absaugen oder Abstreifen mit dem Finger entfernen; sie sind aber in wenigen Tagen in alter Frische wieder da, wenn nicht die Ursache für ihre Vermehrung abgestellt wird. Ein häufiger Wasserwechsel, das Entfernen von Mulm und die Reinigung des Filters helfen bei der Bekämpfung dieser schmierigen, unansehnlichen Algen. Eine biologische Bekämpfung dieser Algen ist nicht möglich, da sie weder von Fischen noch von Schnecken gefressen werden.

Gleichermaßen sind **Grünalgen** ein Indikator für ein durch Stoffwechselprodukte stark belastetes Wasser. Sie wachsen fest auf allen möglichen Unterlagen und bilden dabei pelzartige Beläge aus. Auch hier ist die Wasserhygiene die einzige Möglichkeit der Vorbeugung. Die grünen Fadenalgen treten weniger häufig auf und sind eigentlich ein Anzeichen für ein an sich sauberes Wasser, das allerdings nährstoffreich ist. Die Fäden lassen sich leicht mit einem Stock aufwickeln und so entfernen.

Besonders hartnäckig sind die schmutziggrauen **Bart-**

oder Pinselalgen, die zu den Rotalgen gehören. Sie umwachsen gerne die Blattränder und sitzen so fest, daß man sie nicht ohne Beschädigung des Blattes entfernen kann.
Der Wuchs dieser Algen hat schon manchen Experten vor große Rätsel gestellt. Erfolge bei ihrer Bekämpfung wurden erzielt mit einer guten CO_2-Versorgung des Wassers, wobei gleichzeitig der pH-Wert in den schwach sauren Bereich herabgesetzt wird.
Häufig findet sich auch auf Steinen und Pflanzen ein brauner Belag, der von **Braun- oder Kieselalgen** verursacht wird. Das Vorkommen dieser Algen deutet auf eine zu schwache Beleuchtung hin. Wird die Lichtkonzentration verstärkt, dann gehen diese Algen zurück.
Der Handel bietet eine Reihe chemischer Präparate zur Algenbekämpfung an. Sie sollten nur eingesetzt werden, wenn wirklich sonst nichts mehr hilft. Besser ist die biologische Bekämpfung mit algenfressenden Fischen. Hier leisten die skurrilen Antennenwelse *(Ancistrus)*, die Rüsselbarbe *(Epalzerorhynchus siamensis)*, aber auch Platys gute Dienste. Die Saugschmerle (*Gyrinocheilus aymonieri*) kommt nur im Jugendstadium als Algenvertilger in Frage. Werden diese Fische erst einmal erwachsen, dann gehen sie auf andere Kost über und neigen zu Aggressivität.

Algen bekämpft man am besten mit algenfressenden Fischen.

Fische – die Herren des Aquariums

Das Wichtigste im Aquarium sind die Fische, und gerade bei der Auswahl des Besatzes unterlaufen dem angehenden Aquarianer Fehler, die ihm leicht die Freude an seinem neuen Hobby nehmen können.

Auswahlkriterien

Niemals planlos Fische anschaffen! Erst informieren, dann kaufen!

Hüten Sie sich davor, planlos Fische einzukaufen! Die Ansprüche und Gewohnheiten der Fischarten, die Sie pflegen möchten, müssen Sie schon bei der Einrichtung Ihres Aquariums berücksichtigen. Ohne einen Besetzungsplan geht es daher nicht. Aus diesem Grunde möchte ich hier die Kriterien zusammenfassen, die bei der Zusammenstellung einer Fischliste unbedingt beachtet werden sollten.

1. Wieviele Fische passen ins Aquarium?

Aquarien nicht überbesetzen!

Ein häufiger Anfängerfehler besteht in der hoffnungslosen Überbesetzung des Aquariums, weil die Auswahl an Fischen zu verlockend ist. Die Beschränkung fällt oft schwer. Leider kann ich keine pauschale Aussage darüber treffen, wie viele Fische sich höchstenfalls in Ihrem Aquarium tummeln dürfen. Es gibt zu viele unterschiedliche Faktoren, die zu berücksichtigen sind (siehe Seite 31/32).

2. Welche Wasserwerte benötigen die Fische?

Den gepflegten Fischarten die richtigen Wasserwerte bieten!

Die Beantwortung dieser Frage setzt zunächst einmal die Kenntnis der Werte des von Ihnen verwendeten Aquarienwassers voraus.
Messen Sie vor allem die Karbonathärte Ihres Leitungswassers, und wählen Sie dann Fische aus, denen dieses Wasser auch zuträglich ist. Kaufen Sie keine Fische, die besondere Wasseransprüche stellen, sondern solche, die sich im mittelharten Leitungswasser wohlfühlen. Nur wenn Sie weiches Wasser zur Verfügung haben, sollten Sie sich Weichwasserfische anschaffen. Das gleiche gilt natürlich auch für Hartwasserfische.

3. Wie gestaltet man das Aquarium fischgerecht?
Die ausgewählten Fische sollten im eingerichteten Aquarium auch den Lebensraum vorfinden, der ihrem natürlichen Verhalten entspricht. Für höhlenbewohnende Fische müssen Grotten und Unterstände vorhanden sein. Schwarmfische benötigen Platz zum Ausschwimmen. Scheue Fische brauchen Zufluchtsstätten. Panzerwelse dürfen nicht auf scharfkantigem Boden gehalten werden. Die felsengebundenen Malawi- oder Tanganjikacichliden sollten auch im Aquarium eine Felsenlandschaft vorfinden.

Die speziellen Ansprüche der Fische berücksichtigen!

4. Vertragen sich die Fische untereinander?
Fremdfische, aber auch Artgenossen können untereinander recht unverträglich sein. In der freien Natur können sich die Tiere aus dem Weg gehen. Im Aquarium dagegen kommen sie sich immer wieder ins Gehege. Die Attacken aggressiver Fische wiederholen sich, ein Ausweichen ist unmöglich. Der Streßtod ist daher vorprogrammiert. Gerade revierbildende Fische verhalten sich oft aggressiv, wenn andere Fische in ihr Territorium eindringen. Sie werden dann gejagt und können sich den Angriffen nicht durch Flucht entziehen. Aber auch andere Probleme können entstehen:
Schnelle, sehr schwimmfreudige Arten gehen ruhigen Tieren buchstäblich auf die Nerven. Oder Raubfische suchen sich ihr Futter unter den Mitbewohnern im Aquarium. Einzelgänger dulden keine Konkurrenten der gleichen Art, auch hier gibt es zwangsläufig einen Unterlegenen, der schließlich zum Tode verurteilt ist. Häufig wird auch übersehen, daß nur in wenigen Exemplaren gehaltene Schwarmfische mitunter sehr aggressiv werden können. Im großen Schwarm verteilt sich die natürliche Aggressivität, sind aber nur zwei oder drei Exemplare vorhanden, dann wird das stärkste Tier die wenigen übrigen unerträglich drangsalieren.

Auf Verträglichkeit der Fische untereinander achten!

5. Können wir den Pfleglingen das richtige Futter bieten?
Vermeiden Sie am Anfang die Anschaffung von Nahrungsspezialisten! Es gibt eine Anzahl an und für sich gut zu pflegender Fische, die aber ganz besondere Ansprüche an die Ernährung stellen, weil sie sich beispielsweise ausschließlich vegetarisch ernähren oder nur an Lebendfutter gehen. Nur wenn Sie bereit sind, auf Dauer diese Nahrungsbedürfnisse zu befriedigen, können Sie

Ansprüche der Futterspezialisten beachten!

sich an solche Fische heranwagen. Beachten Sie auch in diesem Zusammenhang, daß pflanzenfressende Fische Ihren mühsam gepflegten Unterwassergarten binnen kurzer Zeit regelrecht abweiden können.

Was beim Kauf zu beachten ist

Wenn Sie nun sorgfältig Ihre Fischwunschliste zusammengestellt haben, dann beobachten Sie die von Ihnen ausgewählten Arten aufmerksam im Händlerbecken. Sie sollten nur dann kaufen, wenn die Fische auch in Ordnung sind:

- Die Fische dürfen ihre Flossen nicht klemmen.
- Sie sollten keine ausgefransten oder defekten Flossen haben.
- Achten Sie darauf, daß die Kiemendeckel nicht umgebogen sind oder das Rückgrat verkrümmt ist.
- Meiden Sie Fische, die offensichtlich einen trüben, milchigen Belag haben und sich häufig an Steinen scheuern.
- Die Fische dürfen keine kleinen weißen Punkte am Körper oder in den Flossen haben.

Achtung bei gelbgrünem oder bläulichem Wasser im Händlerbecken!

Alle Fische, die in einem gelbgrünen oder bläulich eingefärbten Wasser schwimmen, werden offensichtlich gerade gegen eine Krankheit behandelt. Nehmen Sie daher aus solchen Becken keine Fische.
Ein solider Zoohändler wird ohnehin den Verkauf aus solchen Becken ablehnen.

Transport und Einsetzen der Fische

Die Fische werden beim Zoohändler für Sie sachgerecht in Plastikbeutel verpackt. Ist es draußen kalt, dann empfiehlt es sich, daß Sie selbst Vorsorge gegen ein zu starkes Abkühlen der Transportbeutel treffen. Am besten nehmen Sie eine Kühltasche oder eine Isolierbox mit, die die Temperatur hält. Fahren oder gehen Sie dann auf dem schnellsten Weg nach Hause. Daheim legen Sie die Transportbeutel zunächst auf die Wasseroberfläche, damit sich die Temperatur des Wassers im Transportbeutel langsam an die des Aquarienwassers anpassen kann. Danach öffnen Sie den Beutel, damit

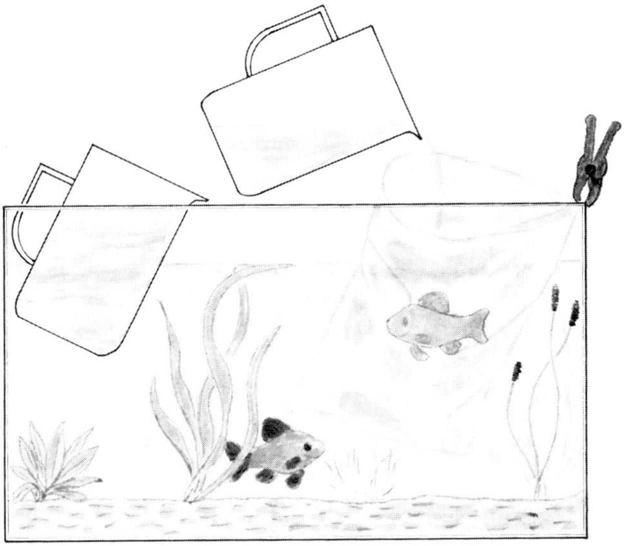

Bild 37: Sachgerechtes Einsetzen der Fische
Der Transportbeutel wird zunächst auf die Wasseroberfläche gelegt, damit sich die Temperatur des Wassers im Transportbeutel langsam an die des Aquarienwassers anpassen kann. Danach wird der Beutel geöffnet und ins Aquarium gehängt. Nun schüttet man in kleinen Dosen Aquarienwasser in die Transportbeutel, damit sich die Fische langsam an die neuen Wasserverhältnisse angleichen können. Erst dann entleert man den Beutel mit den Fischen vorsichtig in das Aquarium.

sich die unterschiedlichen Wasserverhältnisse langsam angleichen. Erst danach entleeren Sie den Beutel mit den Fischen vorsichtig in das Aquarium. Füttern sollten Sie erst am nächsten Tag.

Fischfamilien – ein Überblick

Tafel XI
(von links nach rechts)

Bild 61: Die Prachtschmerle, Botia macracantha, gehört zu den beliebtesten Botia-Arten.

Bild 62: Der Lachsrote Regenbogenfisch, Glossolepis incisus, gehört zu den Schwarmfischen, die in hartem Wasser gehalten werden können.

Bild 63: Der Streifenhechtling, Aplocheilus lineatus, hält sich vorwiegend an der Wasseroberfläche auf. Da er gern springt, sollte eine gut schließende Deckscheibe nicht fehlen.

Bild 64: Die Pastellgrundel, Tateurdina ocellicauda, aus Neuguinea ist ein sehr ansprechendes Fischchen, das sich im Aquarium gut vermehren läßt.

Bild 65: Die Drachenkopfgrundel, Oligolepis acutipennis, sucht ab und zu Streit. Es sind aber harmlose Kämpfchen, bei denen niemand zu Schaden kommt.

Bild 66: Der Kugelfisch, Tetraodon fluviatilis, lebt in schwach brackigem Wasser. Er ist ein guter Schneckenvertilger.

Im nachstehenden Kapitel möchte ich für das Aquarium geeignete Fischfamilien vorstellen. Einzelne Arten, die für den Anfänger geeignet sind, können aus der tabellarischen Übersicht im Anhang dieses Buches entnommen werden.

Salmler und Salmlerverwandte

Zur Familie der Salmler und Salmlerverwandten gehören etwa 1300 Arten, die vorwiegend auf dem mittel- und südamerikanischen Kontinent verbreitet sind. Ungefähr 200 Arten sind in Afrika beheimatet. Aus dieser Familie stammen die meisten Aquarienfische, die bei uns schon seit vielen Jahrzehnten gepflegt werden. Salmler bewohnen fließende und stehende Gewässer, die freie Wasserzonen, aber auch Pflanzendickichte aufweisen. Die südamerikanischen und afrikanischen Arten stammen meist aus sehr weichem und mit Huminsäuren stark angesäuertem Wasser. Salmler sind Fische, die in ihrem Heimatgewässer oft in riesigen Schwärmen zusammenleben. Arten, die aus dem Schwarzwasser stammen, sind sehr farbenprächtig und haben besondere Zeichnungsmerkmale, die dem gegenseitigen Erkennen auch im dunklen Wasser dienen und damit den Schwarmzusammenhalt ermöglichen. Besonders auffällig ist das bei den Neonfischen mit dem blau irisierenden Längsstreifen. Die meisten Salmlerarten erkennt man an der kleinen Fettflosse hinter der Rückenflosse.
Salmler hält man am besten in einem weichen, über Torf gefilterten Wasser. Das Aquarium sollte eine dichte Hintergrund- und Seitenbepflanzung aufweisen.
Viele Salmlerarten leben schon seit Generationen in unseren Aquarien und vertragen daher auch mittelhartes Leitungswasser.

Karpfenfischverwandte

Das Verbreitungsgebiet der für die Aquarienpflege interessanten Karpfenfische (Cyprinidae) erstreckt sich über Asien und Afrika. Auch diese Familie ist sehr artenreich. Diese Fische bewohnen fließende und stehende Gewässer mit verkrauteten Uferzonen. Sie leben in Biotopen mit unterschiedlicher Wasserzusammensetzung. Karpfenfische leben in der Regel im Schwarm. Viele Arten weisen ein oder zwei Paar Barteln auf. Im Aquarium werden häufig die Gattungen *Barbus* und *Rasbora* gepflegt. Die Barben *(Barbus)* sind vorzugsweise schnelle Schwimmer, die auch zum Gründeln neigen. Ihre Pflege im Aquarium ist, von wenigen Ausnahmen abgesehen, problemlos, weil sie mit unseren normalen Wasserverhältnissen gut zurechtkommen. Einige Arten leben allerdings teilweise vegetarisch und vergreifen sich gern an zarten Wasserpflanzen.
Die Rasbora-Arten sind meist kleiner und empfindlicher als die Barben. Ihre Ansprüche an die Wasserbeschaffenheit sind differenzierter, weil sie in der Regel im Weichwasser anzutreffen sind. Besonders aquarienbewährt sind die Bärblinge aus der Gattung Brachydanio wie beispielsweise der Zebra- oder der Schillerbärbling, sie dürfen als anspruchslos eingestuft werden.

Barben sind in der Regel anspruchslose Pfleglinge.

Lebendgebärende Zahnkarpfen

Das Verbreitungsgebiet der Lebendgebärenden Zahnkarpfen erstreckt sich vom südlichen Nord- über Mittel- bis Südamerika. Diese Fische leben in Fließ- und Stehgewässern, die meist mittelharte Wasserwerte aufweisen. Viele Arten aus dieser Familie sind altbewährte Aquarienfische, beispielsweise der Guppy, die Platys oder die Schwertträger.
Die Männchen haben ein besonderes Begattungsorgan, das aus der Afterflosse gebildete Gonopodium. Damit werden die Weibchen direkt besamt. Die Weibchen sind in der Lage, Spermien zu speichern. Ein einmal befruchtetes Muttertier kann daher mehrere Male hintereinander Junge werfen. Die Jungen entwickeln sich im Mutterleib und werden voll entwickelt geboren. Viele Lebendgebärende Zahnkarpfen benötigen vegetarische

Tafel XII
(von oben nach unten)

Bild 67: In einer gut bepflanzten Unterwasserlandschaft fühlen sich vor allem Schwarmfische wie diese Rhombenbarben besonders wohl.

Bild 68: Dieser kleine See in Zentralborneo führt kristallklares Schwarzwasser; dort leben bekannte Zierfische: Halbschnabelhechte, Rasboren, Barben, Schmerlen und Labyrinthfische.

Zukost. Die meisten Arten sollten vorzugsweise in mittelhartem bis hartem Wasser gepflegt werden. Eine dichte Randbepflanzung des Aquariums ist zu empfehlen, denn dort finden die Jungfische ihre notwendige Deckung vor Freßfeinden. Erwachsene Männchen und Weibchen dieser Fischfamilie können leicht unterschieden werden: Die Männchen erkennt man am spitz ausgezogenen Gonopodium, während die Afterflosse der Weibchen abgerundet ist.

Eierlegende Zahnkarpfen

Killifische sind farbenprächtig, aber nicht immer einfach zu pflegen.

Die Familie der Eierlegenden Zahnkarpfen - auch Killifische genannt - teilt sich nach dem Fortpflanzungsverhalten in zwei Gruppen auf: Wir kennen Bodenlaicher (auch als Saisonfische bekannt) und Haftlaicher. In beiden Gruppen gibt es leicht zu pflegende Arten, aber auch Spezialisten, denen sich nur der fortgeschrittene Aquarianer widmen sollte.
Die Bodenlaicher (Saisonfische) leben in temporären Gewässern, das heißt, diese führen nur zur Regenzeit Wasser und fallen zur Sommerzeit trocken. Diese Fische setzen ihre Eier in den Bodengrund ab; dort übersommern sie und machen eine Trockenpause durch. Sobald die Regenzeit einsetzt und die Tümpel wieder Wasser führen, sprengen die Jungen ihre Eischale und schlüpfen. Sie wachsen rasch heran und sind gegen Ende der Regenzeit bereits laichreif. Bevor die Trockenzeit einsetzt, haben sie bereits wieder für Nachwuchs gesorgt. Killifische, die in ständig wasserführenden Biotopen leben, setzen ihre Eier vornehmlich in den Pflanzen ab. Dort entwickeln sie sich kontinuierlich.

Buntbarsche

Die Buntbarsche gehören zu den »intelligentesten« Fischen.

Die Buntbarsche gehören zu den beliebtesten Aquarienfischen, weil sie einerseits Brutpflege betreiben, andererseits meist sehr ansprechend gefärbt sind. Die Buntbarsche leben vorwiegend in Afrika, Mittel- und Südamerika. Aus Asien stammen nur zwei Arten, sie gehören zur Gattung *Etroplus*, die in Indien heimisch sind. Buntbarsche lieben Versteckmöglichkeiten in Form von

Höhlen und Unterständen. Die Cichliden aus den großen ostafrikanischen Seen haben eine besondere Lebensweise entwickelt: Sie sind größtenteils fest an die Felsenküsten gebunden, die ihnen ein Labyrinth von Höhlen bieten. Die meisten Felsencichliden sind robuste und groß werdende Fische, sie sollten daher in einem Artenaquarium gehalten werden. Die klein bleibenden Zwergbuntbarsche lassen sich dagegen auch paarweise in Gesellschaftsbecken pflegen, sofern ihnen die Wasserverhältnisse zusagen. Die Zwergbuntbarsche aus Afrika bevorzugen meist mittelhartes bis hartes Wasser von einem neutralen bis alkalischen pH-Wert. Die südamerikanischen Zwergcichliden dagegen lieben weiches, leicht saures Wasser.

Die Buntbarsche haben unterschiedliche Formen der Brutpflege entwickelt: Allgemein werden sie in Offen-, Höhlen- und Maulbrüter eingeteilt, es gibt aber auch Übergangsformen.

Brutpflegeformen bei Buntbarschen:
Offenbrüter
Höhlenbrüter
Maulbrüter
(Es gibt auch Übergangsformen)

Die Offenbrüter heften ihr manchmal bis 1000 Laichkörner umfassendes Gelege auf einer festen Unterlage an, vornehmlich auf Steinen, Wurzeln oder Pflanzenblättern. Diese Cichliden bilden Elternfamilien: Männchen und Weibchen sind nur schwer voneinander zu unterscheiden. Die Eltern wechseln sich in der Betreuung des Geleges und der freischwimmenden Jungen ab. Das Gelege und der Jungfischschwarm werden heftig verteidigt.

Die Höhlenbrüter heften ihr Gelege an der Decke oder den Wänden einer Grotte ab. Diese Buntbarsche bilden eine Mutterfamilie: Allein das Weibchen kümmert sich direkt um die Nachkommenschaft, während das Männchen die äußeren Reviergrenzen gegen Eindringlinge verteidigt. Das Gelege der höhlenbrütenden Cichliden ist kleiner als das der Offenbrüter. Die meisten Höhlenbrüter zählt man zu den Zwergcichliden. Die Geschlechter sind leicht zu unterscheiden: Die Männchen werden in der Regel größer und sind farbenprächtiger als die Weibchen.

Die Maulbrüter verstauen die Laichkörner im Kehlsack. Die Eier entwickeln sich dort, und die Jungen werden, sobald sie geschlüpft sind, aus dem Maul entlassen. In den ersten Tagen kehren sie nachts oder bei Gefahr in das schützende Maul zurück. Die Maulbrutpflege obliegt meist den Weibchen. Nach dem Ablaichen beteili-

gen sich die Männchen nicht mehr an der Brutpflege und gehen ihre eigenen Wege. Es gibt aber auch Arten, bei denen die Männchen ebenfalls an der Maulbrutpflege beteiligt sind.
Die aus dem Malawisee stammenden Buntbarsche sind überwiegend Maulbrüter. Auch bei diesen Arten sind die Geschlechter meist gut zu unterscheiden. Es gibt allerdings auch maulbrütende Buntbarsche, bei denen sich selbst erfahrene Aquarianer schwertun, Männchen und Weibchen zu unterscheiden. Unter den Maulbrütern gibt es auch weniger hoch spezialisierte Arten, die erst dann die Jungen ins Maul aufnehmen, wenn diese geschlüpft sind.

Labyrinthfische

Labyrinthfische können Luft atmen.

Die aquaristisch interessanten Labyrinthfische stammen aus Indien und Südostasien sowie aus Afrika. Sie bewohnen recht unterschiedliche Gewässertypen von stark verkrauteten Flüssen, Bächen oder Teichen über Bewässerungsgräben und überschwemmten Reisfeldern bis hin zu klaren, sauerstoffreichen und schnellfließenden Gewässern. Die Labyrinthfische haben ein zusätzliches Atmungsorgan - das Labyrinth -, das es ihnen möglich macht, an der Wasseroberfläche direkt atmosphärische Luft aufzunehmen. Das Atemlabyrinth hat dieser Fischfamilie den Namen gegeben. Es macht diese Fische von dem Sauerstoffgehalt des Wassers weitgehend unabhängig. Sie können daher auch in extrem sauerstoffarmen Gewässern wie in mit Abwasser belasteten Gräben leben. Bei einigen Gattungen, beispielsweise *Trichogaster* und *Colisa*, sind die Bauchflossen zu langen Tastfäden umgestaltet, die dem Tast-, Geruchs- und Geschmackssinn dienen.

Auch bei den Labyrinthfischen gibt es Brutpfleger.

Die meisten Labyrinthfische sind Brutpfleger. Die Brutpflege wird von den Männchen übernommen. So bauen beispielsweise die meisten Arten der Gattung *Betta, Trichogaster, Colisa* und *Makropodus* Schaumnester an der Wasseroberfläche.
Die Fische laichen unter diesem Nest ab. Die Eier sind oft ölhaltig und schwimmen zur Wasseroberfläche. Sinken die Eier ab, dann werden sie vom Männchen gleich aufgenommen und ins Nest gebracht. Das Männchen

hütet das Nest, bessert es aus und spuckt herausfallende Eier ins Nest zurück. Die Brutpflege endet mit dem Freischwimmen der Jungen. Andere Arten betreiben Maulbrutpflege wie zum Beispiel der maulbrütende Kampffisch, *Betta pugnax*. Diese Fische leben in schnellfließenden Gewässern, in denen sich ein Schaumnest nicht halten kann. Auch Höhlenbrüter sind unter den Labyrinthern vertreten.
Die Aufzucht der oft sehr zahlreichen Jungen ist nicht ganz unproblematisch. Sie nehmen zunächst nur Infusorien. Ihr Labyrinth bildet sich erst nach einigen Wochen aus. Sie können sich dann regelrecht erkälten, wenn ein zu krasser Unterschied zwischen den Temperaturen der Umgebungsluft und der des Wassers besteht.

Welse und Welsartige

Welse sind nützliche Aquarienbewohner.

Welse sind weltweit anzutreffen, dementsprechend gibt es etwa 2000 verschiedene Arten. Welse sind bodenorientierte Fische, die gern ein verstecktes Leben führen und manchmal auch nachtaktiv sind. In der Regel sind es robuste langlebige Fische, deren Anspruchslosigkeit häufig dazu verleitet, ihre Pflege zu vernachlässigen.
Welse haben unterschiedlich ausgeprägte Barteln, die als hochempfindliche Tastorgane ausgebildet sind. Mit ihrer Hilfe können diese Fische Nahrung im und auf dem Boden aufstöbern. Besonders beliebt sind die Panzerwelse aus der Gattung *Corydoras*, die den Boden von Futterresten säubern. Diese kleiner bleibenden Arten sind muntere, gesellig lebende Tiere, die immer in einem kleinen Trupp gehalten werden sollten. Sie sind in der Lage, über ihren Darm an der Wasseroberfläche atmosphärische Luft aufzunehmen. Sie können daher auch vorübergehend mit sauerstoffarmem Wasser auskommen. Im Aquarium ist das häufige Aufsteigen der Panzerwelse ein Indikator für Sauerstoffmangel im Wasser.
Die Antennenwelse (Ancistrus) werden gerne als nützliche Algenvertilger im Aquarium eingesetzt. Die Männchen haben Tentakeln am Kopf, die Ihnen ein abenteuerliches Aussehen verleihen.

Schmerlen

Schmerlen sind meist nacht- oder dämmerungsaktiv.

Die im Aquarium gehaltenen Schmerlen stammen meist aus Südostasien. Es sind Bodenfische, die sich gern in Verstecken aufhalten und in der Regel nacht- oder dämmerungsaktiv sind. Erwachsene Schmerlen können mitunter recht aggressiv werden.
Im Aquarium häufig anzutreffen sind die Dornaugen aus der Gattung *Acanthophthalmus*. Diese kleinen, Schlangen ähnelnden, quergeringelten Fische sind kaum einmal zu sehen, da sie sich tagsüber gern im Bodengrund eingraben. Sehr beliebt ist auch die aus Indonesien stammende Prachtschmerle *(Botia macracantha),* die weiches Wasser vorzieht und sehr anfällig ist gegen den Befall mit *Ichthyophthirius*-Parasiten.
Die kleine Schachbrettschmerle *(Botia sidthimunki)* lebt gesellig und ist sehr aktiv. Sie ist auch tagsüber zu sehen.
Schmerlen brauchen wegen ihrer scheuen Lebensweise ruhige Aquarien mit vielen Versteckmöglichkeiten. Das Aquarium sollte nicht zu hell sein und einen weichen, feinkörnigen Bodengrund aufweisen. Schmerlen haben Barteln, mit denen sie auf Futtersuche gehen. An einem groben, scharfkantigen Bodengrundmaterial verletzen sie sich diese empfindlichen Tastorgane.

Grundeln

Grundeln eignen sich wenig für den Anfänger.

Grundeln sind in der letzten Zeit immer mehr in Mode gekommen. Sie sind weltweit verbreitet und leben vornehmlich im Meer oder zumindest im Brackwasser. Die aus dem Brackwasser stammenden Arten benötigen zu ihrem Wohlbefinden einen Zusatz von Meer- oder Kochsalz (1–2 Eßlöffel auf 10 l Wasser). Häufig sind es auch Nahrungsspezialisten, die unbedingt Lebendfutter benötigen. Aus diesen Gründen eignen sie sich wenig für den Anfänger.
Eine wunderhübsche Art ist die Pastellgrundel (*Tateurdina ocellicauda*) aus Papua-Neuguinea. Sie stammt aus klarem, weicherem Wasser und pflanzt sich auch ohne Schwierigkeiten im Aquarium fort. Diese Art laicht vorwiegend in Höhlen ab. Die Männchen betreiben Brutpflege.

Ähren- und Regenbogenfische

Ähren- und Regenbogenfische sind hartwasserliebende Schwarmfische.

Die Ähren- und Regenbogenfische bevorzugen ein mittelhartes bis hartes Wasser. Sie sind im Laufe ihrer stammesgeschichtlichen Entwicklung vom Meer in Hartwasser führende Flüsse und Bäche eingedrungen. Die zweigeteilte Rückenflosse erinnert noch an ihre Vergangenheit im Meer.
Es handelt sich um lebhafte Schwarmfische, die viel freien Schwimmraum, aber auch eine dichte Hintergrundbepflanzung benötigen.
Die Celebes-Sonnenstrahlfische *(Telmatherina ladigesi)* sind sehr ansprechend. Die Männchen haben lang ausgezogene Flossenstrahlen, diese Art ist gut zu pflegen.
Großer Beliebtheit erfreuen sich auch die Regenbogenfische, die in zahlreichen Arten in Neuguinea und Australien vorkommen. Darunter befinden sich sehr farbenprächtige Arten wie Boesemans Regenbogenfisch *(Melanotaenia boesemani)*.

Ganz ohne Pflege geht es nicht

Ein Aquarium ist zwar ein kleiner Lebensabschnitt aus der Natur, es ist aber nicht wie die Natur selbst in der Lage, sich so zu regenerieren, daß jeglicher Pflegeaufwand überflüssig wird. Ganz ohne Pflege geht es also nicht. Aber seien Sie versichert, von einem echten Aquarianer werden diese Arbeiten nicht als lästig empfunden. Nur der, der sein Aquarium allein als ein Dekorationsstück ansieht, wird über den Pflegeaufwand stöhnen.

Wasserwechsel

Wie ich schon berichtete, werden die anfallenden Stoffwechselprodukte der Fische durch Bakterien abgebaut. Übrig bleiben Nitrate, die zwar den Pflanzen als Nährstoff dienen, aber so reichlich anfallen, daß sie nicht restlos verwertet werden. Das Wasser reichert sich also im Laufe der Zeit mit Nitrat an. Die Nitratkonzentration muß durch Frischwassergaben verdünnt werden. Die Nitratbelastung sieht man dem Wasser nicht an. Die Klarheit des Aquarienwassers ist daher überhaupt kein sicheres Anzeichen für die Notwendigkeit eines Wasserwechsels. Selbst ein noch so klares Wasser kann eine völlig verschmutzte Brühe sein.

Halten Sie daher am besten einen festen Termin für den Wasserwechsel ein, von dem Sie nur in unumgänglichen Ausnahmesituationen abweichen.

In der Regel alle zwei Wochen Wasserwechsel!

Der Wasserwechsel sollte alle zwei Wochen erfolgen. Über einen Plastikschlauch, dessen Durchmesser so groß ist, daß er nicht von Kieselsteinen verstopft werden kann, saugen Sie das Wasser an und lassen es in bereitstehende Eimer ablaufen. Auf diese Weise ziehen Sie ein Drittel des Wassers ab. Mit dem angesaugten Schlauch können Sie gleichzeitig Mulmansammlungen, abgestorbene Pflanzenteile usw. wegsaugen.

Danach füllen Sie das Aquarium mit Frischwasser wieder auf. Das Frischwasser muß temperiert sein, damit die Temperaturschwankung im Aquarium nicht zu groß wird.

Scheibenreinigung

An den Scheiben des Aquariums setzt sich im Laufe der Zeit ein Belag fest, der vorwiegend aus Algen besteht. Damit Sie weiter klare Sicht in Ihr Aquarium behalten, müssen Sie ihn entfernen. Erfahrungsgemäß fällt die Reinigung der Sichtscheibe in hellen Aquarien jede Woche an.
Die sicherste Methode ist immer noch die Verwendung eines einfachen Haushaltsschwammes mit einer weichen Schaumgummiseite und einer härteren Seite aus einem Nylonfilz. Natürlich darf ein solcher Schwamm keine Putzmittel enthalten.
Mit der weichen Seite wischen Sie die Sichtscheibe von innen ab. Hartnäckige Beläge entfernen Sie mit der Filzseite. Drücken Sie aber nicht zu stark, damit die Scheibe nicht zerkratzt wird. Vermeiden Sie in jedem Fall, daß Sand zwischen den Schwamm und die Scheibe gerät. Der Sand schmirgelt Ihnen sofort unschöne Kratzer in die Scheibe.

Beim Scheibenreinigen Kratzer vermeiden!

Wenn Sie es vermeiden wollen, mit dem Arm in das Becken tauchen zu müssen, dann können Sie auch mit einem Scheibenreiniger mit Stiel arbeiten. Er nimmt in seinem Reinigungskopf eine Rasierklinge auf, mit der auf der Scheibe auf und ab gefahren wird. Noch einfacher geht es mit einem Algenmagneten (siehe Seite 75).

Reinigung der Deckscheibe

Eine blinde Deckscheibe schluckt viel Licht.

Sehr häufig übersehen Aquarianer, daß auch die Deckscheibe im Laufe der Zeit durch Kalkablagerungen und Staub blind wird. Sie schluckt dann Licht und beeinträchtigt damit den Pflanzenwuchs. Alle drei Monate sollte die Deckscheibe daher gründlich gesäubert werden. Am besten verwenden Sie ein kalklösendes Mittel, weil gerade der Kalkbelag nur sehr schwer abzuwischen ist.

Filterreinigung

Es ist nicht einfach, einen genaueren Rat für den Zeitpunkt der Filterreinigung zu geben. Die Standzeit des Filters hängt vor allem von seiner Größe und der Besetzung des Aquariums ab. Es versteht sich von selbst, daß ein großer Filter an einem schwach besetzten Becken weniger häufig gereinigt werden muß als ein unterdimensionierter Filter an einem stark besetzten Aquarium. Sie werden diesbezüglich schon selbst sehr schnell einen Erfahrungswert finden.
Ein Saugfilter oder eine Tauchkreiselpumpe lassen in der Leistung spürbar nach, wenn sich das Filtermaterial mit Schmutz zugesetzt hat. Der Leistungsabfall signalisiert also deutlich, daß der Filter gereinigt werden muß. Bei einer schnell arbeitenden Tauchkreiselpumpe kann das ein- bis zweimal die Woche der Fall sein.
Allerdings ist hier der Reinigungsvorgang bei allen gängigen Modellen sehr einfach. Sie nehmen nur den Filtertopf ab und ersetzen die Filterwatte oder spülen die Schaumstoffpatrone aus.

Das Aquarium im Urlaub

Immer wieder hören Aquarianer die Frage: »Um Gottes willen, was machen Sie denn nur mit Ihrem schönen Aquarium, wenn Sie in Urlaub fahren?« Um es gleich vorwegzunehmen: an Ihrem Aquarium braucht Ihr Urlaub nicht zu scheitern. Wenn Sie einige Vorkehrungen getroffen haben, können Sie Ihr Aquarium ohne weiteres drei Wochen sich selbst überlassen.
Zunächst einmal sollten Sie kurz vor Urlaubsantritt einen Wasserwechsel vornehmen, allen Mulm vom Bodengrund absaugen und den Filter gründlich reinigen. Das Licht steuern Sie über eine Schaltuhr, so daß das An- und Ausschalten der Lampen kein Problem ist. Auch die Fütterung stellt Sie nicht vor unüberbrückbare Schwierigkeiten. Im Handel sind Fütterungsautomaten erhältlich, die Ihre Fische zuverlässig mit der täglichen Nahrungsration versorgen. Das Fütterungsproblem wird ohnehin überbewertet. Erfahrungen haben gezeigt, daß ausgewachsene Fische ohne weiteres bis zu drei Wochen (!) auch ohne Futter auskommen können.

Ausgewachsene Fische können bis zu 3 Wochen fasten.

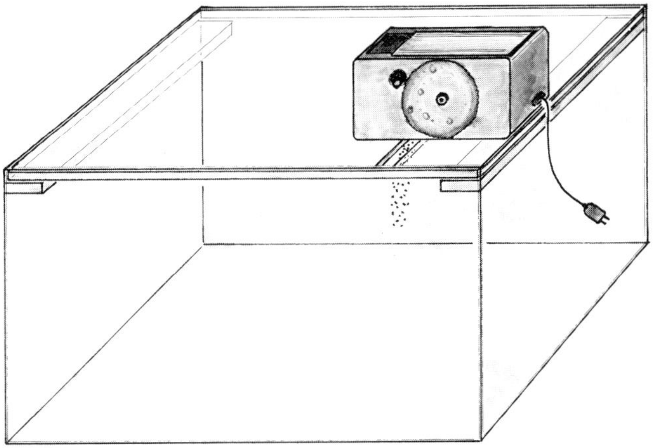

Bild 38: Der Futterautomat ist ein nützlicher Helfer im Urlaub. Er wird über ein Uhrwerk gesteuert, das mit einer Dosierungsvorrichtung regelmäßig Futterportionen freigibt.

Auch in der Natur ist mitunter der Tisch über längere Perioden nicht sehr üppig gedeckt, so daß die Fische auf Fastenzeiten eingerichtet sind. Aus diesem Grunde können Sie auf die Fütterung Ihrer Fische bei Kurzreisen bis zu einer Woche mit ruhigem Gewissen verzichten. Das schadet ihnen nicht, im Gegenteil, es tut ihnen gut! Natürlich wäre es optimal, wenn Sie einen Verwandten, einen guten Freund oder netten Nachbarn hätten, der ab und zu mal nach dem Rechten schaut. Aber den haben Sie ja in der Regel im Urlaub ohnehin, weil der Briefkasten geleert und die Blumen gegossen werden müssen. Der Freund braucht dann nur einen Blick auf das Aquarium zu werfen, um festzustellen, ob der Filter noch läuft oder Fische erkrankt sind. Von einem Aquarienverein in der Nähe lassen Sie sich vorher die Adresse eines Fachmannes geben, der in Notfällen dann von dem Versorger Ihrer Wohnung alarmiert wird.
Bei längerer Urlaubsabwesenheit kann es allerdings erforderlich werden, daß wegen der Verdunstung Wasser aufgefüllt werden muß, damit der Filter nicht trockenläuft. Vorbeugen können Sie insoweit, als Sie Ihr Aquarium schon etwas höher als normal auffüllen.

Der Fisch lebt nicht vom Floh allein

Für die Gesunderhaltung der Aquarienfische spielt die ausgewogene Ernährung eine ausgesprochen wichtige Rolle. Leider aber machen gerade Anfänger hier häufig den Fehler, weil sie die Nahrungsbedürfnisse und Freßgewohnheiten ihrer Fische nicht ausreichend berücksichtigen und vor allem viel zuviel Futter geben. Die ständige Überfütterung hat langfristig eine Eingeweide- und Leberverfettung zur Folge, die häufig eine unerkannte Todesursache ist.

Grundsätzliches zur Ernährung

Stets sparsam füttern!

Im natürlichen Lebensraum der Fische ist das Nahrungsangebot oft über einen längeren Zeitraum sehr knapp. Um ihren Energiebedarf zu decken, sind daher die Fische ständig auf Nahrungssuche. Schnellschwimmende Fische haben einen starken Stoffwechsel, sie schnappen daher instinktiv nach allem Freßbaren. Diese instinktgebundene Freßlust besteht natürlich auch in der Gefangenschaft fort. Sie fressen daher alles, was ihnen angeboten wird, auch dann, wenn ihr Nahrungsbedarf eigentlich gedeckt ist.

Sie sollten sich daher nie von »bettelnden Fischen«, die sofort an die Futterstelle schwimmen, sobald Sie auch nur in die Nähe Ihres Aquariums kommen, zu zusätzlichen Futtergaben verleiten lassen.

Das Futter muß in 1 - 2 Minuten aufgefressen sein.

Wenn Sie einmal am Tag und zwar morgens füttern, dann reicht das aus. Geben Sie soviel Futter, wie innerhalb von 1 - 2 Minuten aufgefressen wird. Sie können auch ruhig regelmäßig einen Fastentag pro Woche einführen, Ihre Fische verhungern mit Sicherheit nicht.

Eine Ausnahme bilden Jungfische. Sie kommen in der Regel dann zur Welt, wenn die Natur ein besonders großes Nahrungsangebot macht. In der Wachstumsperiode dürfen sie daher nicht zu kurz gehalten werden, sie sollten immer Futter finden.

Flockenfutter

Mit dem neuzeitlichen Flockenfutter ist die Aquaristik sicherlich einen großen Schritt vorangekommen. Es ist hochwertig, ausgewogen, gut zu handhaben und lagerfähig. Damit vereinigt es eine Menge unschätzbarer Vorteile in sich, die den Aquarianer zum großen Teil vom Futterfang in der Natur unabhängig machen. Das Flockenfutter gewinnt gerade wegen der rapiden Zerstörung und Verschmutzung der natürlichen Biotope für Fischnährtiere wie Wasserflöhe und Mückenlarven zunehmend an Bedeutung. Das Flockenfutter und die Futtertabletten sind mit Vitaminen, Mineralstoffen und notwendigen Ballaststoffen, die die Verdauung fördern, angereichert. Zwar ist das Flockenfutter lange haltbar, es nimmt aber nach längerer Lagerung in seinem Vitamingehalt ab. Größere Gebinde von Trockenfutter sind in der Regel preislich günstiger als kleine Einheiten. Diese Preisvorteile sollten Sie aber nur ausnutzen, wenn Sie auch wirklich einen größeren Bedarf an Futter haben. Es ist sinnlos, einen 10-Liter-Eimer Futter anzuschaffen und diesen dann innerhalb von 2-3 Jahren zu verbrauchen. Während eines so langen Zeitraumes nimmt der Wert der Inhaltsstoffe des Futters stark ab.

Flockenfutter verliert nach längerer Lagerung an Wert.

Das Flockenfutter gibt es heute in sehr unterschiedlichen Mischungen und Größen.
Auch Flockenfutter auf vorwiegend pflanzlicher Basis (Grünfutter) ist erhältlich.
Futtertabletten haben den Vorteil, daß sie auf den Bodengrund absinken und dort von Grundfischen wie Welsen und Schmerlen aufgenommen werden. Diese kommen sonst meist zu kurz, weil das Flockenfutter im Absinken von den übrigen Fischen aufgefressen wird. Für größere Fische wie z.B. Buntbarsche gibt es schwimmfähige Futterpreßlinge, die gern genommen werden.

Lebendfutter

Wenn Sie auch die meisten Aquarienfische mit Flockenfutter versorgen können, so ist das Lebendfutter nicht ganz überflüssig. Es gibt Fische, die auf sich bewegende Futtertiere fixiert sind und deren Freßreiz durch diese Bewegung ausgelöst wird. Sie gehen nur in Ausnahme-

fällen oder überhaupt nicht an das Flockenfutter. Auch neue Arten, die als Wildfänge auf den Markt kommen, verweigern mitunter Flockenfutter. Für diese Fische ist Lebendfutter einfach unumgänglich. Aber auch die Arten, die ohne weiteres Flockenfutter annehmen, sollten hin und wieder einmal Lebendfutter erhalten. Es ist für sie reizvoll, hinter den lebenden Futtertieren herzujagen - und: Natur ist eben Natur!
An dieser Stelle darf aber auch ein Nachteil nicht verschwiegen werden: Mit Lebendfutter, das aus mit Fischen besetzten Gewässern gefangen wurde, können Sie sich leicht Parasiten und Krankheitserreger einschleppen. Der von Ihnen ausgesuchte Futtertümpel sollte daher nicht von Fischen bewohnt werden. Eine Übersicht über die wichtigsten Fischnährtiere finden Sie im tabellarischen Anhang dieses Buches.

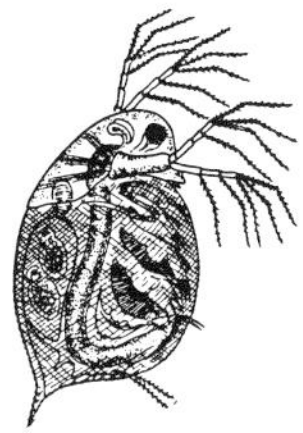

Bild 39: Wasserfloh (Daphnia)

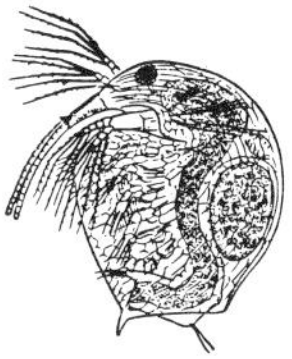

Bild 40: Rüsselkrebschen (Bosmina)

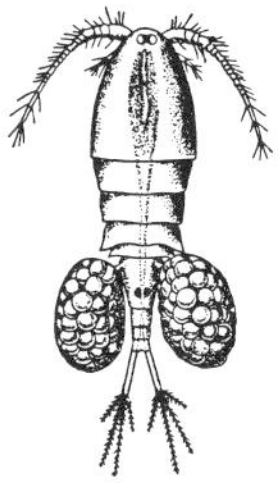

Bild 41: Hüpferling (Cyclops) - Weibchen mit Eiersäcken

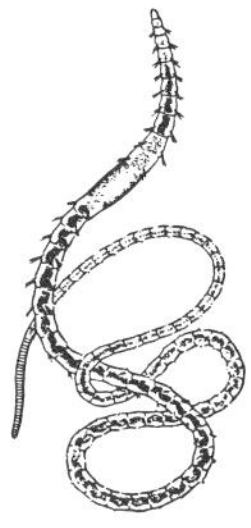

Bild 42: Bachröhrenwurm (Tubifex)

Bild 43: Zuckmückenlarve - »Rote Mückenlarve« - (Chironomus)

Bild 44: Büschelmückenlarve - »Glasstäbchen« - (Corethra)

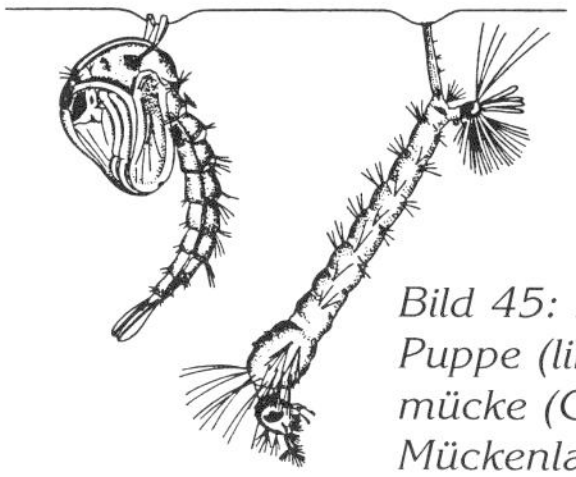

Bild 45: Larve (rechts) und Puppe (links) der Stechmücke (Culex) - »Schwarze Mückenlarve«.

Der Fang von Lebendfutter

Wer sich gern in der Natur aufhält, wird das Tümpeln - so der Fachjargon der Aquarianer für das Fangen von Lebendfutter - als eine willkommene Freizeitbeschäftigung ansehen. Nun ist es heute leider nicht mehr so leicht, einen geeigneten Futtertümpel aufzuspüren.

Holen Sie sich auch auf alle Fälle die Genehmigung des Tümpeleigentümers für die Futterentnahme ein und bedenken Sie, dass Sie in Kollision mit dem Gesetz kommen, wenn Sie in Naturschutzgebieten tümpeln.
Wasserflöhe und Mückenlarven, das gängige Tümpelfutter, kommen in nährstoffreichen, stehenden Kleingewässern vor. Jahreszeitlich bedingt können sie in Massen auftreten. Dann wiederum gibt es Wochen, in denen der Fang sehr mühsam ist. Ist es kalt, steht das Futter tief, ist es warm, dann halten sich die Wasserflöhe gern in dichten Schwärmen an der Wasseroberfläche auf. Sie sind somit leicht auszumachen. Geht ein spürbarer Wind, dann werden die Wasserflöhe gern in einem Bereich des Tümpels zusammengetrieben, während in den anderen Zonen nichts zu finden ist.
Zur Fangausrüstung eines Tümplers gehört ein Kescher mit einem engmaschigen Netz und einem ausziehbaren, etwa 2 m langen Kescherstiel. Einen solchen Teleskopstab können Sie in Angelfachgeschäften kaufen. Außerdem brauchen Sie einen großen Eimer mit einem verschließbaren Deckel.
Den Kescher ziehen Sie mehrmals ruhig durch das Wasser, als wollten Sie eine liegende Acht beschreiben. Durch diese Kescherbewegung entsteht eine Wasserströmung, durch die die im Wasser schwebenden Futtertiere zusammengetrieben werden.
Geben Sie nicht zu viele Wasserflöhe in den Eimer. Wasserflöhe sind sehr sauerstoffbedürftig und sterben sehr schnell ab. Sie halten sich in dem Eimer nicht sehr lange und müssen zu Hause gleich verfüttert werden. Wollen Sie die Wasserflöhe etwas länger aufheben, dann brauchen Sie unbedingt ein größeres Gefäß mit Wasser, etwa eine Regentonne oder noch besser eine in den Boden eingelassene alte Badewanne. Die Wasseroberfläche sollte möglichst groß sein, auf die Tiefe kommt es nicht so sehr an.

Achtung beim Transport: Wasserflöhe sind sehr sauerstoffbedürftig!

Bild 46: Salinenkrebschen (Artemia)

Die Zucht von Futtertieren

Eine Reihe von Futtertieren kann man auch ohne weiteres selbst züchten. Das gilt vor allem für einige Wurmarten, aber auch für Insekten und deren Larven. Der Anfänger ist jedoch damit zunächst noch überfordert. Aus

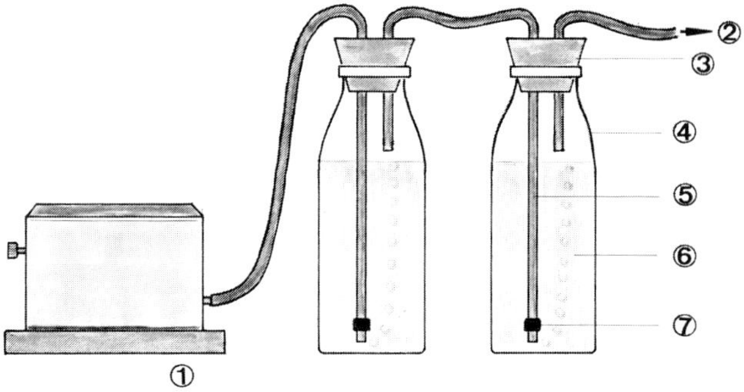

Bild 47: Das Salinenkrebschen ist ein wertvolles und »sauberes« Futtertierchen, das jederzeit zur Verfügung steht, da man es selbst züchten kann. Je nach Futterbedarf kann man mehrere Kulturgefäße hintereinanderschalten. Der Zoofachhandel bietet Dauereier und die entsprechenden Kulturgefäße an. Aufbau einer Zuchtanlage für Salinenkrebschen
1: Membran-Luftpumpe; sie versorgt die Kulturgefäße mit Luft, die das Salzwasser in Bewegung hält und es zugleich mit Sauerstoff anreichert.
2: Abluftschlauch
3: Stopfen mit Bohrungen, durch die die Zu- und Abluftschläuche eingeführt werden.
4: Kulturgefäß
5: Luftzufuhrschlauch
6: Salzwasser und Artemiaeier
7: Bleibeschwerung

diesem Grunde würde eine detaillierte Beschreibung den Rahmen dieses Buches sprengen. Ich beschränke mich auf eine Darstellung der Zucht von *Artemia*-Nauplien, den Jugendstadien des Salinenkrebschens. Die Zucht ist nämlich äußerst einfach und bedingt keinen großen Aufwand. Außerdem sind *Artemia*-Nauplien im Bedarfsfall schnell verfügbar. Sie sind heute ein unverzichtbares Futter zur Aufzucht von Jungfischen, solange diese noch keine größeren Futterpartikel bewältigen können.
Die Eier des Salinenkrebschens können Sie im Zoofachhandel kaufen. Die winzig kleinen, braunen Eier können

Tafel XIII
(von links nach rechts)

Bild 69: Das Schmale Papageienblatt (Alternanthera reineckii) ist eine hochwachsende Stengelpflanze, die viel Licht braucht.

Bild 70: Das Große Fettblatt (Bacopa amplexicaulis) gehört zu den hochwachsenden, lichthungrigen Stengelpflanzen.

Bild 71: Die feinfiedrige Carolina-Haarnixe (Cabomba caroliniana) wächst mittelhoch und ist sehr lichtbedürftig.

Bild 72: Die Argentinische Wasserpest (Egeria densa), eine mittelhohe Stengelpflanze, braucht einen hellen Platz im Aquarium.

Bild 73: Das Seegrasblättrige Trugkölbchen (Heteranthera zosterifolia) gehört zu den mittelhohen Stengelpflanzen und eignet sich besonders für die Randbepflanzung.

Bild 74: Der Brasilianische Wassernabel (Hydrocotyle leucocephala) ist sehr lichtbedürftig.

trocken über Jahre gelagert werden. Gibt man sie in Salzwasser, dann schlüpfen die Nauplien innerhalb kurzer Zeit und können sofort verfüttert werden. Neben den Eiern brauchen Sie nur noch ein *Artemia*-Kulturgerät, eine Literflasche und ein Artemia-Sieb.
Das alles kostet nicht viel. Nur wenn Sie keine Membranpumpe haben, müssen Sie sich eine anschaffen. Die Flasche füllen Sie dreiviertel voll mit Salzwasser, das Sie nach Anweisung des *Artemia*-Kulturgerät-Lieferanten zubereitet haben (meist 2-3 Teelöffel jodfreies Kochsalz) und geben die benötigte Menge Artemia-Eier (nicht mehr als einen knappen Teelöffel!) dazu. Bei kräftiger Durchlüftung und einer Temperatur von 24° C schlüpfen die Nauplien nach etwa 36 Stunden. Wenn Sie nun die Durchlüftung abstellen und die Flasche einige Minuten ruhig stehen lassen, dann sammeln sich die orangefarbenen Nauplien am Boden, und die Eierschalen schwimmen nach oben. Die Nauplien können Sie dann mit einem dünnen Schlauch in das *Artemia*-Sieb abziehen.
Wenn Sie zwei Flaschen zeitlich um einen Tag verschoben ansetzen, haben Sie immer das notwendige Futter zur Verfügung.

Grünfutter

Einige Fische ernähren sich vorwiegend vegetarisch, sie brauchen also Grünfutter als Zukost. Damit sie nicht die Pflanzen im Aquarium anknabbern, müssen sie regelmäßig mit Grünfutter versorgt werden. Das pflanzliche Trockenfutter stellt insoweit den Nahrungsbedarf dieser Fische sicher. Wenn Sie frisches Grünfutter reichen wollen, dann können Sie zarte Blätter von ungespritztem Kopfsalat (gründlich waschen!) verfüttern oder überbrühten Spinat. Auch junge Blätter vom Löwenzahn werden gern angenommen. In diesem Zusammenhang ein Tip: Frieren Sie die Löwenzahnblätter ein! Nach dem Auftauen sind die Blätter fischgerecht weich.
Algenfressende Welse und manche Cichliden raspeln gern Algen von den Steinen ab. Legen Sie einige Steine in eine Schüssel mit Wasser, und stellen Sie diese im Freien in die Sonne. Auf den Steinen bilden sich schnell Algen. Diese Algensteine geben Sie dann ins Aquarium,

Tafel XIV
(von links nach rechts)

Bild 75: Der Sumpffreund (Limnophila sessiliflora) wächst mittelhoch und hat ein großes Lichtbedürfnis.

Bild 76: Der hochwachsende Riesenwasserfreund (Hygrophila corymbosa) eignet sich besonders für die Hintergrundbepflanzung.

Bild 77: Der Indische Wasserstern (Hygrophila difformis) gehört zu den mittelhohen, buschig verzweigten Wasserpflanzen.

Bild 78: Das Brasilianische Tausendblatt (Myriophyllum aquaticum) ist eine mittelhohe, feinfiedrige Wasserpflanze, an der Salmler und Barben gerne ablaichen.

Bild 79: Der Indische Wasserfreund (Hygrophila polysperma) ist eine mittelhohe, lichthungrige Stengelpflanze.

Bild 80: Die Kriechende Ludwigie (Ludwigia repens x palustris) gehört zu den mittelhohen Stengelpflanzen.

Eingefrorene Blätter sind wegen der frostbedingten Zerstörung der Zellstruktur weicher.

sie werden von Ihren vegetarischen Pfleglingen begierig abgeweidet!

Futter - selbst hergestellt

Große Fische, die kräftige Kost benötigen wie z. B. manche Buntbarscharten, stellen den Aquarianer mitunter vor Futterprobleme. Viele Aquarianer füttern diese Fische mit geschabtem Rinderherz und übersehen dabei, daß das Fleisch von Warmblütern für Fische nicht gut verdaulich ist und zudem zuwenig Ballaststoffe enthält. Die anhaltende einseitige Fütterung von Rinderherz führt meist zu Störungen der Darmtätigkeit bis hin zu Darmentzündungen.

Eine bewährte Futtermischung:
35% mageres und entsehntes Rinderherz (geschabt)
15% Fischfilet (zerkleinert)
20% gefrosteter Spinat
10% Haferflocken
15% getrocknete Wasserflöhe
5% Flockenfutter
1 Eigelb

So kann man zwar auf Rinderherzbasis ein Futter selbst herstellen, man muß jedoch dieses Futter mit ballastreichen Zusatzstoffen versehen. Eine solche Futtermixtur kann man mit Aspik (über den Fleischerfachhandel zu beziehen!) binden und auf Vorrat einfrieren. Die Bindung mit Aspik ist notwendig, weil sich sonst das Futter sofort im Wasser in seine feinen Bestandteile auflöst und nicht im Brocken zusammenbleibt. Das Aspik verträgt das Einfrieren im Gegensatz zu Gelatine oder Agar-Agar.

Die sorgfältig vermengte Masse wird nach der Gebrauchsanweisung mit dem aufgelösten Aspikpulver verbunden. Sie muß nach dem Abkühlen elastisch fest sein. Dann kann man sie portionsweise zurechtschneiden und einfrieren. Die eingefrorenen Portionen dürfen natürlich nur völlig aufgetaut verfüttert werden.

Mein Fisch ist krank - was tun?

Die meisten Fischkrankheiten sind auf schlechte Hälterungsbedingungen zurückzuführen.
Optimal gehaltene und ausgewogen ernährte Fische sind widerstandsfähig und erkranken selten. Kein Aquarium ist frei von Krankheitserregern oder Parasiten. Das

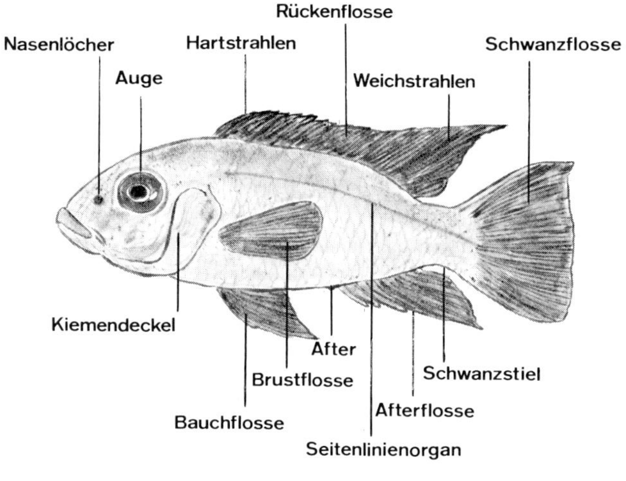

Bild 48: Körperbau eines Knochenfisches

körpereigene Abwehrsystem des Fisches ist in der Lage, diesen Erregern oder Parasiten Einhalt zu gebieten. Nur wenn der Fisch durch Milieuschädigungen oder Streß geschwächt wird, dann kommen die Krankheiten zum Ausbruch. Eine Behandlung der Krankheiten führt nur scheinbar zum Erfolg. Sie werden immer wieder auftreten, solange nicht die Hälterungsbedingungen verbessert worden sind.

Milieuschädigungen und Streß bedingen den Ausbruch von Krankheiten.

Vorbeugen ist besser als heilen

Gegen Krankheiten vorbeugen heißt optimale Haltungsbedingungen schaffen.

Das Sprichwort »Vorbeugen ist besser als heilen« hat seine volle Berechtigung auch für die Aquarienfische. Wir müssen für Bedingungen sorgen, die dem Fisch zusagen, die nicht lebensfeindlich sind. Dazu gehört in erster Linie eine einwandfreie Wasserqualität, und zwar nicht nur in hygienischer Hinsicht. Die Wasserzusammensetzung (Härte, pH-Wert) muß für den Fisch zuträglich sein, das Wasser muß die richtige Temperatur haben und darf nicht zu sehr mit Stoffwechselprodukten oder anderen Schadstoffen belastet sein. Alle Streßfaktoren wie die Überbesetzung sind zu vermeiden. Und schließlich fördert auch eine ausgewogene, sparsame Fütterung die Gesundheit.

Die Gefahr eines Krankheitsausbruches ist bei Neuzugängen besonders groß. Sie haben in der Regel viel Streß erdulden müssen. Sie wandern vom Züchter oder Fänger zum Exporteur, gelangen dann meist per Luftfracht zum Großhändler und landen schließlich beim Zoofachhändler. Überall erfahren die Fische ausschließlich Massenhaltung. Jede Milieuänderung schwächt den Fisch. Aus diesem Grunde werden sie oft auf ihrer langen Reise bis zum Aquarianer vorbeugend unter Medikamente gesetzt, die das Ausbrechen von Krankheiten verhindern. Auch das Umsetzen in das Aquarium zu Hause bringt wieder eine Milieuveränderung mit sich. Der Fisch findet mit großer Wahrscheinlichkeit ein anderes Wasser als im Händlerbecken vor. Obwohl Fische recht anpassungsfähig sind, ist diese Phase für eine Erkrankung kritisch.

Neuerworbene Fische sind besonders krankheitsgefährdet.

Neu eingesetzte Fische müssen daher genau beobachtet werden. Sie sollten zunächst einmal eine Woche in ein Quarantänebecken unter Beobachtung gesetzt werden.

Dieser Ratschlag wird jedoch leider selbst von erfahrenen Aquarianern nur in Ausnahmefällen befolgt. Wichtig ist auch das separate Becken für die Behandlung von Krankheiten, die nicht seuchenartig den gesamten Fischbestand erfassen. In einem separaten Aquarium kann eine Behandlung mit Medikamenten erfolgen, ohne daß das Gesellschaftsaquarium durch die Chemikalien in Mitleidenschaft gezogen wird. Das gilt natürlich nur dann, wenn sich die Erkrankung auf einen oder einige Fische beschränkt. Eine Einzelbehandlung von Fischen, die beispielsweise von der Pünktchenkrankheit *(Ichthyophthirius)* befallen sind, ist zwecklos, weil die Schwärmer dieser Parasiten im Aquarium bleiben und die anderen Fische auch befallen.

Vorbeugemaßnahmen gegen Fischkrankheiten:

1. **Das Aquarium gut bepflanzen und 2–4 Wochen ohne Fischbesatz »einfahren« lassen!**
2. **Nicht überbesetzen!**
3. **Regelmäßiger Wasserwechsel und Reinigung des Filters!**
4. **Kontrolle aller Wasserwerte in regelmäßigen Abständen (Temperatur, Härte, pH-Wert und Nitritgehalt).**
5. **Ausgewogen und angemessen füttern! (Eiweiß 15%, nur wenig Kohlenhydrate 3–7%, viele Vitamine).**
6. **Neuerworbene Fische mindestens eine Woche im Quarantänebecken (ohne Bodengrund) halten!**
7. **Vermeidung aller Vergiftungsquellen auch außerhalb des Aquariums, z. B. starker Tabakqualm, Verdunstung von Lösungsmitteln.**

Die wichtigsten Krankheitsbilder

1. Krankheitsbild: Umherschießen, Verblassen der Farben, Luftschnappen, Taumeln.
   Diagnose: Anzeichen für Vergiftungen
   Maßnahmen: Sofortiger Wasserwechsel und Aufspüren (Wasserkontrolle) und Abstellen der Ursachen für die Vergiftung.
2. Krankheitsbild: Schaukeln und Flossenklemmen
   Diagnose: Anzeichen für allgemeines Unwohlsein oder auch zu niedrige Temperatur. Oft auch erstes Signal für das Auftreten einer ansteckenden Krankheit.
   Maßnahmen: Temperaturkontrolle, Wasserwechsel, Überprüfung, ob das vorhandene Aquarienwasser für die betroffenen Fische allgemein zuträglich ist, weiter beobachten, ob Krankheitssymptome auftreten.
3. Krankheitsbild: Aufgetriebener Bauch, Schuppensträube, Glotzaugen.

Diagnose: Bauchwassersucht, Fischtuberkulose.
Maßnahmen: Heilung nicht möglich.

4. Krankheitsbild: Wattebauschähnliche Stellen.
Diagnose: Pilzbefall.
Maßnahmen: Behandlung mit einem trypaflavinhaltigen Pilzmittel.
5. Krankheitsbild: Weiße Pünktchen auf der Haut und/oder Flossen.
Diagnose: *Ichthyophthirius*-Befall (Pünktchenkrankheit).
Maßnahmen: Erhöhung der Temperatur auf etwa 30° C, Behandlung mit einem Mittel gegen die Pünktchenkrankheit.
6. Krankheitsbild: Kleinere weiße bis gelbliche Pünktchen.
Diagnose: *Oodinium*-Befall.
Maßnahmen: Behandlung mit einem Mittel gegen *Oodinium*.
7. Krankheitsbild: Perlartige Knötchen auf den Flossen, später auch am Körper.
Diagnose: Lymphocystis.
Maßnahmen: Kaum heilbar. Sind nur die Flossen betroffen, dann befallene Stellen vorsichtig abschneiden, und die Hälterungsbedingungen verbessern.
8. Krankheitsbild: Milchig- bis bläulichweiße Trübung der Haut.
Diagnose: Befall mit Hauttrübern *(Costia, Chilodonella, Trichodina)*.
Maßnahmen: Behandlung mit einem Präparat gegen Hauttrüber.
9. Krankheitsbild: Durchscheinende, helle Muskulatur mit weißgrauer, trüber Fleckung besonders im hinteren Körperbereich von Neonfischen.
Diagnose: Die *Plistophora*-Erkrankung (Neonkrankheit) befällt meist Neonfische oder Arten der Salmlergattungen *Hyphessobrycon* und *Hemigrammus*.
Maßnahmen: Kaum heilbar, erkrankte Tiere sofort entfernen.
10. Krankheitsbild: Die Fische scheuern sich an Steinen oder anderen harten Gegenständen.
Diagnose: Anzeichen für einen Befall mit Ektoparasiten.
Maßnahmen: Behandlung mit einem Präparat gegen Außenparasiten.

11. Krankheitsbild: Die Fische verweigern die Nahrungsaufnahme.
    Diagnose: Anzeichen für eine Darmschädigung durch Parasiten oder eine Darminfektion.
    Maßnahmen: Behandlung für den Anfänger kaum möglich.
12. Krankheitsbild: Flossen zerfasern, fransen aus und verkürzen sich nach und nach.
    Diagnose: Bakterielle Flossenfäule oder Pilzbefall.
    Maßnahmen: Bakterielle Flossenfäule kaum heilbar.
    Bei Pilzbefall: Stärkung der Abwehrkraft durch abwechslungs- und vitaminreiche Kost.

Die Fischapotheke

Im Zoofachhandel sind Präparate gegen die häufigsten Fischkrankheiten erhältlich. Oft bereitet es dem Anfänger aber auch Schwierigkeiten, die richtige Krankheitsdiagnose zu stellen. Sie ist aber die erste Voraussetzung zur gezielten Bekämpfung einer Krankheit.
Sollten Sie sich hinsichtlich der Beurteilung von Krankheitssymptomen unsicher sein, dann fragen Sie Ihren Zoohändler oder den Aquarienverein in Ihrer Nähe um Rat, bevor Sie wahllos Medikamente einsetzen.
In Ihrer Fischapotheke sollten Sie nach Möglichkeit immer ein Mittel gegen die Pünktchenkrankheit *(Ichthyophthirius)* und gegen Pilzerkrankungen vorrätig haben. Diese Krankheiten treten am häufigsten auf.

Ein Mittel gegen Ichthyo und Pilze sollte immer zur Hand sein.

Die Zucht - die Hohe Schule der Aquaristik

Zuchterfolge hängen besonders davon ab, daß man die richtigen Wasserverhältnisse bietet.

Die Zucht der Aquarienfische ist sicherlich die Hohe Schule der Aquaristik. Es gibt Fische, die sich außerordentlich leicht nachziehen lassen, ja, deren Nachwuchs gar nicht zu verhindern ist.
So stellen sich die Jungen der Guppys von selbst ein, ohne daß es besonderer Anstrengungen oder Vorkehrungen ihres Pflegers bedarf. Andere Fischarten dagegen sind bedeutend anspruchsvoller. Ihre Zucht gelingt nur, wenn der Pfleger das richtige Milieu bietet, das heißt, die Wasserqualität und die Bepflanzung müssen stimmen - sonst klappt die Zucht nicht! Konnten wir Weichwasserfische noch in mittelhartem Wasser halten, nachziehen können wir sie darin nicht. Im harten Leitungswasser würden die Eier aufgrund osmotischer Vorgänge zerstört werden, genauso kann sich Laich von Hartwasserfischen im Weichwasser kaum zufriedenstellend entwickeln - der Züchter kommt daher nicht ganz ohne Kenntnisse der Wasserchemie aus.

Brutpflegende Arten

Im allgemeinen züchtet man brutpflegende Fische wie beispielsweise Buntbarsche in einem Artenbecken. Diese Fische überlassen ihren Laich nicht sich selbst, sondern versorgen das Gelege mit Sauerstoff, schützen es gegen Verpilzung und Freßfeinde, und schließlich verteidigen sie die Jungbrut aufopferungsvoll gegen alle Gefahren. Bei brutpflegenden Arten sind häufig die Geschlechter gut zu unterscheiden, vor allem dann, wenn allein die Mutter oder der Vater die Brutpflege betreibt. Sind beide, Vater und Mutter, am Brutpflegegeschäft beteiligt, dann sind die Unterscheidungsmerkmale oft nur sehr schwer zu erkennen.

Freilaicher

Schwieriger wird die Zucht bei den freilaichenden Fischen, die ihre Eier wahllos in den Pflanzen oder über dem Kiesboden ausstoßen und sich dann nicht mehr weiter um sie kümmern. Diese Arten fressen häufig sogar hingebungsvoll ihren eigenen Laich. Die Natur hat ihr eigenes Regulativ. Während bei den brutpflegenden Arten die Anzahl der Eier in einem Gelege relativ gering ist, weil durch die Brutpflege das Risiko für das Überleben der Brut vermindert ist, muß die Anzahl der Laichkörner bei den Freilaichern zwangsläufig höher sein. Viele dieser Eier werden gefressen, und auch die Jungen sind, weil sie keinen Schutz durch die Eltern genießen, stärker gefährdet. So wird durch die höhere Eiproduktion die Arterhaltung gewährleistet.

Sicherlich gelingt die Zucht von freilaichenden Fischarten auch in einem auf ihre Bedürfnisse abgestimmten Artenbecken, sofern es sehr dichte Pflanzenpartien aufweist, die den Jungen Schutz bieten. Wie in der Natur kommen jedoch nur sehr wenige Junge durch. Wer produktivere Zuchterfolge aufweisen möchte, ist auf die Einrichtung eines ganz speziellen Zuchtbeckens angewiesen. Dazu wird ein Vollglas- oder Plastikbecken mit einer Kantenlänge von 40-50 cm sorgfältig gereinigt und mehrfach gespült. Dieses Aquarium stellt man dann am besten auf eine schwarz gestrichene Styroporplatte und füllt das speziell für die Fischart erforderliche Wasser ein. In den meisten Fällen wird zur Zucht weiches und leicht saures Wasser benötigt. Die Herstellung eines solchen Wassers ist in dem Kapitel über Wasseraufbereitung (Seite 46) beschrieben. Das Zuchtbecken wird mit einem Sprudelstein durchlüftet und mit einem Regelheizer auf der erforderlichen Temperatur gehalten. Als Ablaichsubstrat verwendet man ein grünes Perlongespinst, das im Zoofachhandel erhältlich ist. Wer ein natürliches Ablaichsubstrat bevorzugt, kann Javamoos oder andere feinfiedrige Stengelpflanzen anbieten.

Da bei den Freilaichern viele Eier zu Boden sinken, sind diese auch vor den Eltern ungeschützt. Vor laichräuberischen Eltern schützt man die Eier am besten, indem man den Aquarienboden mit Glasmurmeln oder haselnußgroßen Kieselsteinen auslegt. Die zwischen die

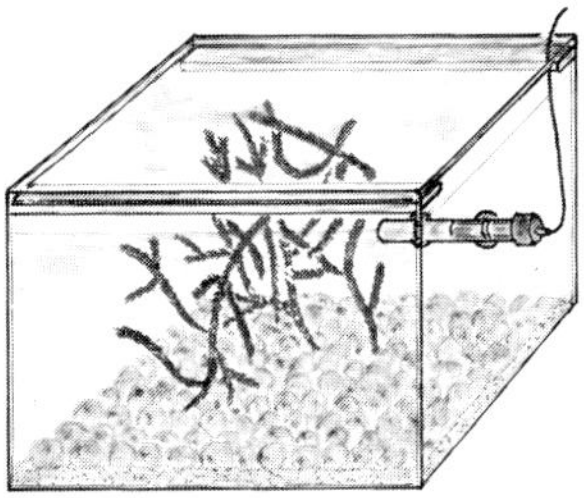

Bild 49: Wer Wert auf Nachwuchs legt, sollte sich ein Zuchtaquarium zulegen. Es wird mit einem Heizer und einem Sprudelstein, der von einer Membranpumpe betrieben wird, ausgerüstet. Bei laichräuberischen Eltern (Salmler, Barben) sollte der Boden mit Glasmurmeln ausgelegt werden. Als Ablaichsubstrat verwendet man feinfiedrige Pflanzen, beispielsweise Javamoos.

Im Zuchtbecken verzichtet man auf den Bodengrund.

Murmeln oder Kieselsteine gefallenen Eier sind dann für die Elterntiere nur noch schwer erreichbar.

Nach dem Ablaichen werden die Elterntiere sofort entfernt.

Sobald die Elterntiere abgelaicht haben, werden sie herausgefangen. Die Eier läßt man im Zuchtaquarium, damit sie sich dort ungestört entwickeln. Dennoch bedarf das Aquarium der Kontrolle: Da nicht befruchtete Eier leicht verpilzen und dann auch gesunde anstecken, setzt man dem Zuchtwasser sicherheitshalber ein pilzhemmendes Medikament zu (Dosierung auf dem Beipack beachten).

Nach 1 - 2 Tagen, je nach Fischart und Temperatur des Wassers, schlüpfen dann die Jungen. Sie hängen noch weitere 3 - 4 Tage an den Pflanzen und Scheiben und bewegen sich ruckartig. Nachdem sie ihren Dottersack aufgezehrt haben, schwimmen sie frei und gehen auf Futterjagd, das heißt, wir müssen ihnen nun zusätzlich Nahrung anbieten.

Lebendgebärende Arten

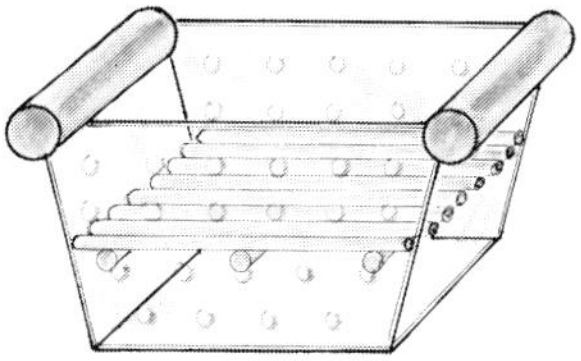

Bild 50: Für die Zucht vieler Lebendgebärender Zahnkarpfen brauchen wir kein extra Zuchtaquarium. Das trächtige Muttertier bringt man in einem Ablaichkasten unter, der im Gesellschaftsbecken schwimmt. Die geworfenen Jungtiere fallen durch die Glasstäbe und sammeln sich im Unterteil des Ablaichkastens. Dort sind sie vor dem Zugriff der Mutter sicher.

Die Zucht der Lebendgebärenden ist im allgemeinen problemlos. Besonders leicht vermehren sich Guppys, Platys und Schwertträger. Bei den Lebendgebärenden werden die Eier im Leib der Mutter besamt. Sie reifen dort, und nachdem die Jungen voll entwickelt sind, werden sie aus dem Mutterleib entlassen. Die Entwicklungszeit beträgt bei den lebendgebärenden Arten ungefähr vier Wochen. Ob ein Weibchen trächtig ist, kann man leicht an der Körperfülle feststellen.

Die Jungfische sind wegen der Freßfeinde in einem Gesellschaftsbecken gefährdet. Will man sie aufziehen, dann müssen sie schnell abgefischt und in ein Aufzuchtbecken überführt werden.

Die relativ großen Jungfische halten sich besonders gern an der Wasseroberfläche zwischen den Pflanzenbeständen auf. Das Abfischen ist natürlich eine mühselige Arbeit; daher sind besondere Ablaichkästen entwickelt worden, in die man das trächtige Weibchen setzt. Ablaichkästen haben einen Rost, der die Jungen von der Mutter trennt. Sobald die Jungen geboren sind, hat man sie in einem Kasten zusammen. Sie werden jetzt in einem besonderen Aufzuchtbecken herangezogen.

Die Aufzucht von Jungfischen

Die Aufzucht ist problemlos, wenn die freischwimmenden Jungfische schon *Artemia*-Nauplien bewältigen können. Dieses Kleinstfutter kann ohne große Schwierigkeiten selbst gezüchtet werden (siehe Seite 123). Die Jungen der Lebendgebärenden Zahnkarpfen sind in der Regel so groß, daß sie gleich an dieses Futter gehen.
Auch die meisten Jungen der brutpflegenden Arten bewältigen frisch geschlüpfte *Artemia*-Nauplien.
Die Jungfische der meisten freilaichenden Arten sind dagegen so winzig klein, daß man ihnen in der ersten Woche Infusoriennahrung anbieten muß. Zwar gibt es genügend Anleitungen für die Infusorienzucht. Sie setzt aber Erfahrungen voraus: Zur rechten Zeit sollte eine ausreichende Menge an Infusorien zur Verfügung stehen. Für den Anfänger ist das zunächst ein gewagtes Experiment, er sollte, um sicherer zu gehen, auf Ersatznahrung ausweichen: Der Zoofachhandel bietet zur Aufzucht dieser kleinen Fische spezielles Futter an, beispielsweise eine Tube mit flüssigen, winzig kleinen aufgeschlossenen Futterteilchen (Liquifry) oder aber auch ein Protogengranulat, aus dem sich im Wasser Infusorien entwickeln.

In den ersten Tagen müssen Jungfische vieler Freilaicher mit Infusorien versorgt werden.

Die Schwierigkeit im Umgang mit diesem Futter besteht in der richtigen Dosierung. Wird zuviel Futter gegeben, nimmt die Wasserqualität sehr schnell ab. Im Aufzuchtbecken ist daher ein wöchentlicher Wasserwechsel sehr zu empfehlen.
Das Futter im Aufzuchtaquarium muß immer in Bewegung bleiben, daher kann auch auf den Sprudelstein nicht verzichtet werden. Damit beim Wasserwechsel keine Jungen weggesaugt werden, nimmt man einen dünnen Schlauch, auf den man vorne ein Stück Schaumgummi steckt.
Wenn die Jungen so groß geworden sind, daß sie *Artemia*-Nauplien bewältigen können, dann ist die erste Hürde genommen.
Ein wenig später kann man auch auf die im Zoofachhandel angebotenen speziellen Flockenfuttersorten zur Aufzucht von Jungfischen übergehen.
Die Zucht von Aquarienfischen ist mit Sicherheit die interessanteste Seite der Aquaristik. Sie wird für den Aquarianer zu einem spannenden Erlebnis und für den

fortgeschrittenen alten Hasen zur Herausforderung. Vor allem die brutpflegenden Arten zeigen in ihrer Fortpflanzungsperiode so ein interessantes Verhaltensrepertoire, das den Fernseher vergessen läßt. So ist es verständlich, daß der Anfänger über die Zucht, die sich oftmals gar nicht beabsichtigt einstellte, zum Vollblutaquarianer wurde.

Ich wünsche Ihnen, daß auch Sie Ihr Hobby erfolgreich betreiben und daß Sie von der Begeisterung gepackt werden, die viele Naturfreunde nicht losläßt, sobald sie sich ein wenig mehr mit ihrem Aquarium befassen und die Lebensvorgänge hinter Glas begreifen - ein Aquarium ist eben mehr als ein schönes Dekorationsstück.

Futtertiere

Abb.	Art	Herkunft	Eignung
	**Wasserflöhe** *Daphnia*	nährstoffreiche Tümpel Frühjahr - beginnender Winter	vitaminreich, reich an Ballaststoffen (Chitinpanzer!), gutes Zusatzfutter. Als Alleinfutter über längeren Zeitraum zu einseitig.
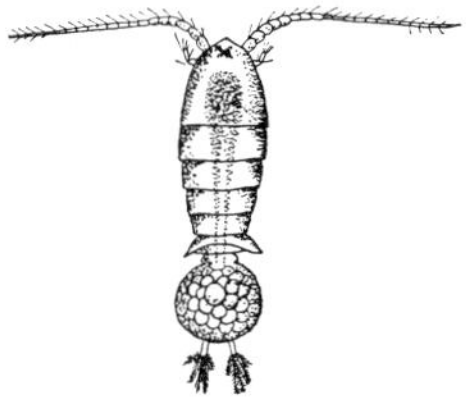	**Hüpferling** *Diaptomus*	nährstoffreiche Tümpel Frühjahr - Herbst	wie Wasserfloh
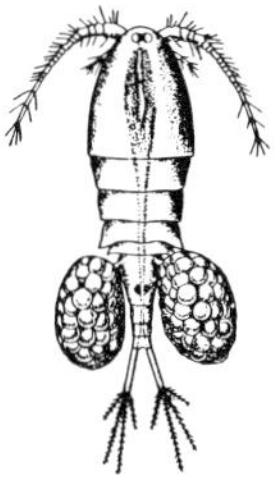	**Hüpferling** *Cyclops*	nährstoffreiche Tümpel vor allem im Frühjahr und Herbst	Cyclopsnauplien sind wegen ihrer geringen Größe ein gutes Aufzuchtfutter. Nur so viel füttern, wie gleich gefressen wird! Größere Cyclops schädigen Jungfische!
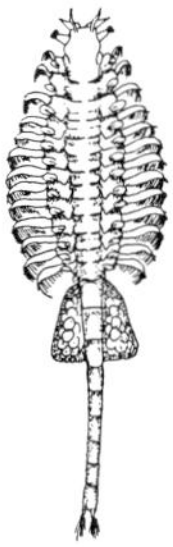	**Salinenkrebs** *Artemia*	Salzseen	Gut züchtbar. Eier im Handel zu erwerben. Gutes Startfutter für Jungfische und Zusatzfutter für Kleinstfische.
	**Rote Mückenlarve** *Chironomus*	Schlammboden belasteter Gewässer, z. B. Abwasser gräben	Werden gern angenommen. Häufig im Handel als Lebend- oder Frostfutter angeboten.

Abb.	Art	Herkunft	Eignung
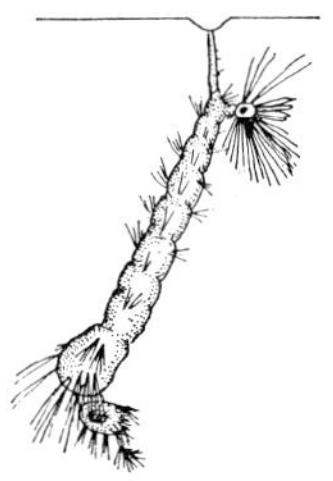	**Schwarze Mückenlarve** *Culex*	verschmutztes Wasser, auch in kleinsten Wasserlöchern, sehr häufig im Frühjahr	Hochwertiges Futter. Aber: die Larven halten sich an der Wasseroberfläche auf und werden in Schwimmpflanzen nicht entdeckt. Sie schlüpfen schnell: Mückenplage in der Wohnung!
	**Weiße Mückenlarve** *Corethra*	klare Gewässer - Gräben, Tümpel, Seen auch im Winter unter dem Eis	Sehr gutes Futter. Sehr gut haltbar.
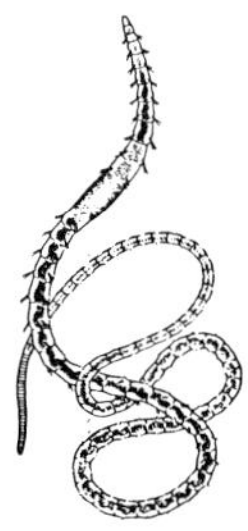	**Bachröhrenwurm** *Tubifex*	Faulschlamm stehender und langsam fließender Gewässer	Wird häufig als Lebendfutter im Handel angeboten. Tubifex kann je nach Herkunft stark belastet sein. Wird gern angenommen. Nicht gefressenes Tubifex geht in den Bodengrund!
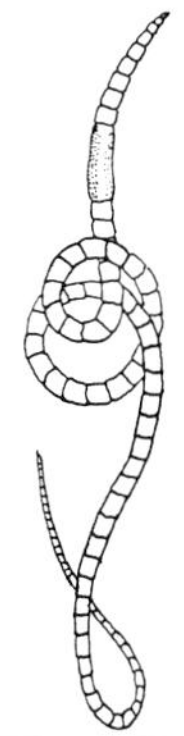	**Enchyträe** *Enchytraeus albidus*	mit organischen Stoffen angereicherte Erde (z. B. Kompost)	Sehr nahrhaftes, fetthaltiges Futter. Darf nur hin und wieder gegeben werden! Gefahr der Leber- und Eingeweideverfettung! Gut züchtbar.
	Grindalwürmchen *Enchytraeus buchholzi*	mit organischen Stoffen angereicherte Erde (z. B. Kompost)	Wie Enchytraeus albidus, ist aber kleiner (1 cm lang, 1/4 mm dick), daher für kleine Fische geeignet.

Empfehlenswerte Wasserpflanzen für das Anfängerbecken

Name	Wuchs	Ansprüche an Licht	Ansprüche an Wasser	Vermehrung	Herkunft
I. Stengelpflanzen					
Altheranthera reineckii **Schmales Papageienblatt**	hochwachsend	sehr hoch	24-30° C pH 6,0-7,0 mittelhart	Stecklinge	Südamerika Bild 69, Tafel XIII
Bacopa amplexicaulis **Großes Fettblatt**	hochwachsend	sehr hoch	20-26° C pH 6,0-7,5 mittelhart	Stecklinge	Nordamerika Bild 70, Tafel XIII
Cabomba caroliniana **Carolina-Haarnixe**	mittelhoch wachsend	sehr hoch	22-26° C pH 6,0-7,0 weich - mittelhart	Stecklinge	Nord- und Südamerika Bild 71, Tafel XIII
Egeria densa **Argentinische Wasserpest**	mittelhoch wachsend	hoch - sehr hoch	18-24° C pH 6,5-7,5 hart	Stecklinge	Südamerika Bild 72, Tafel XIII
Heteranthera zosteraefolia **Seegrasblättriges Tragkölbchen**	mittelhoch wachsend	hoch - sehr hoch	22-28° C pH 6,0-7,5 mittelhart	Stecklinge	Südamerika Bild 73, Tafel XIII
Hydrocotyle leucocephala **Bras. Wassernabel**	flutet an der Wasseroberfläche	hoch	20-26° C pH 6,0-7,5 weich - mittelhart	Stecklinge	Südamerika Bild 74, Tafel XIII
Hygrophila corymbosa **Riesenwasserfreund**	hochwachsend	hoch	22-28° C pH 6,5-7,5 weich - mittelhart	Stecklinge	Asien Bild 76, Tafel XIV
Hygrophila difformis **Indischer Wasserstern**	mittelhoch, buschig verzweigt	hoch - sehr hoch	22-28° C pH 6,5-7,5 weich - mittelhart	Stecklinge	Asien Bild 77, Tafel XIV

Name	Wuchs	Ansprüche an Licht	Ansprüche an Wasser	Vermehrung	Herkunft
Hygrophila polysperma **Indischer Wasserfreund**	mittelhoch wachsend	hoch - sehr hoch	20-30 °C pH 6,5-7,5 weich - hart	Stecklinge	Asien Bild 79, Tafel XIV
Limnophila sessiliflora **Sumpffreund**	mittelhoch wachsend	hoch - sehr hoch	22-28 °C pH 6,0-7,5 weich - hart	Stecklinge	Asien Bild 75, Tafel XIV
Ludwigia repens **Kriechende Ludwigie**	mittelhoch wachsend	hoch	20-28 °C pH 5,5-7,5 weich - hart	Stecklinge	Nord- und Mittel-amerika Bild 80, Tafel XIV
Myriophyllum aquaticum **Bras. Tausendblatt**	mittelhohe, feinfiedrige Ablaich-pflanze	hoch - sehr hoch	22-30 °C pH 5,5-7,5 weich - mittelhart	Stecklinge	Südamerika Bild 78, Tafel XIV
Rotala macranda **Rotweiderich**	mittelhoch	sehr hoch	24-30 °C pH 6,0-7,0 weich - mittelhart	Stecklinge	Asien Bild 81, Tafel XV

Tafel XV
(von links nach rechts)

Bild 81: Der Rotweiderich (Rotala macrandra) behält nur seine hübschen rotbraunen Farben, wenn er einen sehr hellen Standort hat. Wird zuwenig Licht geboten, dann vergrünt diese mittelhohe Stengelpflanze.

Bild 82: Haertels Wasserkelch (Cryptocoryne affinis) wächst buschig und wird mittelhoch.

Bild 83: Das Zwergspeerblatt (Anubias barteri var nana) ist eine niedrigwachsende Pflanze mit wenig Lichtbedürfnis.

Bild 84: Hat Wendts Wasserkelch (Cryptocoryne wendtii) einmal Fuß gefaßt, dann bildet er einen Pflanzendschungel.

Bild 85: Die Krause Wasserähre (Aponogeton crispus) ist eine hochwachsende Pflanze für den Hintergrund, sie ist sehr lichthungrig.

Bild 86: Die Schwarze Amazonas-Schwertpflanze (Echinodorus parviflorus) entwickelt einen ausladenden Blattwuchs, sie sollte deshalb solitär gesetzt werden.

Name	Wuchs	Ansprüche an Licht	Ansprüche an Wasser	Vermehrung	Herkunft
II. Buschig wachsende Pflanzen					
Anubias barteri var. *nana* **Zwergspeerblatt**	niedrig bleibend, hartes Blatt, Rhizom	niedrig - mittel (auch Schatten)	22-28° C pH 6,0-7,5 mittelhart	Teilung	Afrika Bild 83, Tafel XV
Aponogeton crispus **Krause Wasserähre**	hochwachsend, Knolle	hoch - sehr hoch	22-28° C pH 6,0-7,5 mittelhart	Samen	Asien Bild 85, Tafel XV
Cryptocoryne affinis **Haertels Wasserkelch**	niedrig - mittelhoch	mittel - hoch	22-28° C pH 6,0-7,5 weich - mittelhart	Ausläufer	Asien Bild 82, Tafel XV

Tafel XVI
(von links nach rechts)

Bild 87: Das Zwergpfeilkraut (Sagittaria subulata var. pusilla) ist eine niedrig bleibende und rasenbildende Wasserpflanze.

Bild 88: Die Amazonas-Schwertpflanze (Echinodorus amazonicus) wird mittelhoch und braucht zum Gedeihen viel Licht.

Bild 89: Der Javafarn (Microsorium pteropus) ist eine Aufsitzerpflanze, die auf Moorkienhölzern und Steinen angesiedelt werden kann.

Bild 90: Das Teichlebermoos (Riccia fluitans) bildet auf der Wasseroberfläche ein dichtes Polster. Diese Schwimmpflanze ist zur teilweisen Abschattung eines Aquariums besonders geeignet.

Bild 91: Das Javamoos (Vesicularia dubyana) bildet dichte Polster und ist deshalb eine geeignete Ablaichpflanze für das Zuchtaquarium.

Bild 92: Der Kleinohrige Schwimmfarn (Salvinia auriculata) bildet auf der Wasseroberfläche eine dichte Decke. Diese Pflanze ist aber empfindlich gegen Tropfwasser (Deckscheibe weglassen).

Name	Wuchs	Ansprüche an Licht	Ansprüche an Wasser	Vermehrung	Herkunft
Cryptocoryne wendtii **Wendts Wasserkelch**	niedrig - mittelhoch	mittel - hoch	24-28° C pH 6,0-7,5 weich - mittelhart	Ausläufer	Asien Bild 84, Tafel XV
Echinodorus parviflorus **Schwarze Amazonas-Schwert-pflanze**	mittelhoch wachsend	mittel	22-28° C pH 6,0-7,5 weich - mittelhart	Adventiv-pflanzen	Südamerika Bild 86, Tafel XV
Echinodorus amazonicus **Amazonas-Schwert-pflanze**	mittelhoch - hoch	hoch	22-28° C pH 6,0-7,0 weich - mittelhart	Adventiv-pflanzen	Südamerika Bild 88, Tafel XVI
Sagittaria subulata var. *pusilla* **Zwergpfeil-kraut**	niedrig	hoch	20-28° C pH 6,0-8,0 weich - hart	Ausläufer	Asien Bild 87, Tafel XVI
Vallisneria gigantea **Riesen-vallisnerie**	hoch-wachsend	hoch - sehr hoch	18-28° C pH 6,0-7,5 mittel - hart	Ausläufer	Asien
Vallisneria spiralis **Wasser-schraube**	niedrig - mittelhoch	hoch - sehr hoch	15-28° C pH 6,5-8,0 mittel - hart	Ausläufer	Asien
III. Moose und Farne					
Ceratopteris thalictroides **Sumatrafarn**	groß werdend, auch Schwimm-pflanze	hoch - sehr hoch	20-28° C pH 6,0-7,5 weich - hart	Adventiv-pflanzen	weltweit
Microsorium pteropus **Javafarn**	Aufsitzer-farn, gut haltbar, hartes Blatt	mittel	22-28° C pH 5,5-7,5 weich - hart	Teilung, Adventiv-pflanzen	Asien Bild 89, Tafel XVI

Name	Wuchs	Ansprüche an Licht	 Wasser	Vermehrung	Herkunft
Vesicularia dubyana **Javamoos**	bildet dichte Polster	niedrig	20-30° C pH 6,0-7,5 weich - mittelhart		Asien Bild 91, Tafel XVI
IV. Schwimmpflanzen					
Ceratopteris cornuta **Wasserhornfarn**	groß werdend, gutwüchsig	hoch	20-28° C pH 6,0-7,5 weich - hart	Adventivpflanzen	weltweit
Riccia fluitans **Teichlebermoos**	bildet Polster	hoch	14-28° C pH 6,0-7,5 weich - hart	Adventivpflanzen	weltweit Bild 90, Tafel XVI
Salvinia auriculata **Kleinohriger Schwimmfarn**	gutwüchsig, empfindlich gegen Tropfwasser	hoch	20-26° C pH 6,0-7,5 weich - hart	Verzweigung	Mittel- und Südamerika Bild 92, Tafel XVI

Fische für den Anfang

Zeichenerklärung zur Tabelle

Spalte 1 = Größe der Fische in cm (unter Aquarienbedingungen)

Spalte 2 = Frontscheibenlänge ab ... cm

Spalte 3 = Verhalten
- S = Schwarmfische
- B = Bodenfische
- H = Höhlenbewohner
- O = Oberflächenfische
- E = Einzelgänger
- P = Paarbildung
- a = aggressive Art
- f = friedliche Art

Spalte 4 = Temperaturansprüche in °C

Spalte 5 = Wasserwerte
- w = weich
- m = mittelhart
- h = hart

Spalte 6 = Ernährung
- L = Lebendfutter
- G = Pflanzenkost
- A = Allesfresser
- T = Trockenfutter

Spalte 7 = Herkunft
- NA = Nordamerika
- MA = Mittelamerika
- SA = Südamerika
- Af = Afrika
- As = Asien
- Au = Australien

Spalte 8 = Besonderheiten/Hinweis auf Bilder

Name	Größe der Fische in cm	Beckengröße ab ... cm	Verhalten	Temperatur von ... bis ... °C	Wasserwerte	Ernährung	Herkunft	Besonderheiten
I. Salmler	1	2	3	4	5	6	7	8
Aphyocharax anisitsi **Rotflossensalmler**	5	60	S f	20 - 28	w - m	L T	SA	
Aphyocharax rathbuni **Rubinsalmler**	2,5	60	S f	23 - 28	w	L T	SA	Bild 4, Tafel I
Aphyocharax paraguayensis **Schwanzfleckensalmler**	2,5	60	S f	23 - 28	w - m	L T	SA	Bild 5, Tafel I
Characidium fasciatum **Bodensalmler**	7	60	B f	22 - 28	w - h	L T	SA	interessant und ausdauernd Bild 3, Tafel I
Carnegiella strigata **Marmorbeilbauch**	4	60	O f	24 - 28	w - m	L T	SA	springt gern

Name	Größe der Fische in cm	Beckengröße ab ... cm	Verhalten	Temperatur von ... bis ... °C	Wasserwerte	Ernährung	Herkunft	Besonderheiten
Copella arnoldi **Spritzsalmler**	7	60	S f	24-28	w-m	L T	SA	laicht außerhalb des Wassers ab (Deckscheibe) Bild 1, Tafel I
Gymnocorymbus ternetzi **Trauermantelsalmler**	4	60	S f	20-26	w-h	A	SA	bewährte Art
Hasemania nana **Kupfersalmler**	4	60	S f	22-28	w-m	L T	SA	
Hemigrammus erythrozonus **Glühlichtsalmler**	3	50	S f	23-27	w-m	L T	SA	wirkt gut in dunklen Aquarien
Hemigrammus ocellifer **Schlußlichtsalmler**	3,5	50	S f	23-28	w-m	L T	SA	Bild 10, Tafel II
Hemigrammus pulcher **Karfunkelsalmler**	4	60	S f	23-28	w-m	L T	SA	
Hyphessobrycon bentosi **Schmucksalmler**	4	60	S f	24-28	w-m	L T	SA	Bild 8, Tafel II
Hyphessobrycon callistus **Blutsalmler**	3	60	S f	22-28	w-m	L T	SA	Bild 7, Tafel II
Hyphessobrycon flammeus **Roter von Rio**	3	60	S f	22-28	w-h	L T	SA	
Hyphessobrycon herbertaxelrodi **Schwarzer Neon**	4,5	60	S f	23-27	w-m	L T	SA	Bild 6, Tafel I
Hyphessobrycon pulchripinnis **Zitronensalmler**	3,5	60	S f	23-28	w-m	L T	SA	Bild 9, Tafel II
Megalamphodus megalopterus **Schwarzer Phantomsalmler**	4	60	S f	23-28	w-m	L T	SA	
Moenkhausia pittieri **Brillantsalmler**	4,5	60	S f	23-28	w	L T	SA	wirkt besonders in dunklen Aquarien

Name	Größe der Fische in cm	Beckengröße ab ... cm	Verhalten	Temperatur von ... bis ... °C	Wasserwerte	Ernährung	Herkunft	Besonderheiten
Moenkhausia sanctae-filomenae **Rotaugen-Moenkhausia**	6	60	S f	22 - 26	w - m	L T	SA	Bild 11, Tafel II
Nannostomus beckfordi **Längsbandziersalmler**	6	60	S f	23 - 26	w - m	L T	SA	
Nematobrycon palmeri **Kaisertetra**	5	60	S f	23 - 26	w - m	L T	SA	
Paracheirodon axelrodi **Roter Neon**	4,5	60	S f	20 - 26	w - m	L T	SA	Bild 2, Tafel I
Paracheirodon innesi **Neonsalmler**	3,5	60	S f	20 - 26	w - m	L T	SA	
Petitella georgiae **Rotkopfsalmler**	5	60	S f	22 - 26	w - m	L T	SA	
Phenacogramma interruptus **Kongosalmler**	9	100	S f	23 - 27	w	L T	Af	
Prionobrama filigera **Rotschwanzglassalmler**	6	60	S f	22 - 26	m - h	L T	SA	
Pristella maxillaris **Sternflecksalmler**	4	60	S f	23 - 26	w - h	L T	SA	Bild 12, Tafel II
Thayeria boehlkei **Schrägschwimmer**	5	60	S f	22 - 26	w - m	L T	SA	
II. Karpfenfisch-verwandte								
Acanthophthalmus kuhlii **Geflecktes Dornauge**	10	60	B E	23 - 28	w - h	L T	AS	
Barbus conchonius **Prachtbarbe**	6	60	S f	16 - 24	w - h	L T	AS	Bild 16, Tafel III im Sommer auch Freilandhaltung
Barbus fasciatus **Glühkohlenbarbe**	6 - 7	60	S f	22 - 26	w - m	L T	AS	Bild 18, Tafel III
Barbus nigrofasciatus **Purpurkopfbarbe**	5	60	S f	20 - 26	w - m	L T	AS	Bild 15, Tafel III
Barbus pentazona **Fünfgürtelbarbe**	4	60	S f	23 - 28	w - m	L T	AS	Bild 14, Tafel III
Barbus schuberti **Brokatbarbe**	5 - 6	60	S f	22 - 28	w - h	L T		Zuchtform der Messingbarbe

Name	Größe der Fische in cm	Beckengröße ab ... cm	Verhalten	Temperatur von ... bis ... °C	Wasserwerte	Ernährung	Herkunft	Besonderheiten
Barbus semifasciatus **Messingbarbe**	5-6	60	S f	22-28	w-h	L T	As	
Barbus tetrazona **Sumatrabarbe**	5	60	S a	22-28	w-h	L T	As	Bild 13, Tafel III
Barbus titteya **Bitterlingsbarbe**	4	60	S f	22-28	w-m	L T	As	Bild 24, Tafel IV
Botia macracantha **Prachtschmerle**	12	100	B	24-30	w-m	L T	As	Bild 61, Tafel XI
Brachydanio albolineatus **Schillerbärbling**	5	60	S f	20-26	w-h	L T	As	
Brachydanio frankei **Leopardbärbling**	5	60	S f	20-26	w-h	L T		Zuchtform
Brachydanio rerio **Zebrabärbling**	5	60	S f	20-26	w-h	L T	As	Bild 23, Tafel IV
Danio aequipinnatus **Malabarbärbling**	8	80	S f	22-26	w-h	L T	As	Bild 17, Tafel III
Epalzeorhynchus siamensis **Rüsselbarbe**	13	100	S a	22-26	w-h	A G	As	guter Algenfresser
Gyrinocheilus aymonieri **Saugschmerle**	20	80	E a	22-28	w-h	A G	AS	als Jungfisch guter Algenfresser
Labeo bicolor **Feuerschwanz**	12	80	E a	22-26	w-h	A	As	
Rasbora borapetensis **Rotschwanzbärbling**	6	60	S f	22-26	w-m	L T	As	Bild 20, Tafel IV
Rasbora heteromorpha **Keilfleckbärbling**	3,5	60	S f	22-26	w-m	L T	As	Bild 22, Tafel IV
Boraras maculata **Zwergbärbling**	2,5	60	S f	23-28	w	L T	As	Bild 21, Tafel IV
Tanichthys albonubes **Kardinalfisch**	4	60	S f	17-22	w-h	L T	As	Bild 19, Tafel IV
III. Buntbarsche								
Aequidens curviceps **Tüpfelbuntbarsch**	6-8	80	P	22-28	w-m	L T	SA	sehr friedlich
Aequidens portalegrensis **Streifenbuntbarsch**	13-15	100	p a	18-24	w-h	L T	SA	Bild 27, Tafel V
Aequidens pulcher **Blaupunktbuntbarsch**	18-20	100	P a	20-26	w-h	L T	SA	

Name	Größe der Fische in cm	Beckengröße ab ... cm	Verhalten	Temperatur von ... bis ... °C	Wasserwerte	Ernährung	Herkunft	Besonderheiten
Apistogramma agassizii **Agassiz' Zwergbuntbarsch**	7-9	80	P	23-28	w-m	L T	SA	Höhlenlaicher
Apistogramma borellii **Gelber Zwergbuntbarsch**	4-6	60	P	23 - 28	w-m	L T	SA	Bild 32, Tafel VI Höhlenlaicher
Apistogramma cacatuoides **Kakadu-Zwergbuntbarsch**	7-9	80	P	23-28	w-m	L T	SA	Bild 31, Tafel VI Höhlenlaicher
Apistogramma macmasteri **Villavicencio-Apistogramma**	7-9	90	P	24-28	w-m	L T	SA	Bild 33, Tafel VI Höhlenlaicher
Aulonacara nyassae **Kaiserbuntbarsch**	13-15	120	P S	25-28	m-h	L T	Af	Bild 36, Tafel VI Steinaufbauten!
Thorichthys meeki **Feuermaulbuntbarsch**	10-12	100	P	22-28	w-h	L T	MA	Zur Laichzeit aggressiv
Archocentrus nigrofasciatus **Zebrabuntbarsch**	10-12	100	P	22-28	w-h	L T	MA	zur Laichzeit aggressiv
Cryptoheros septemfasciatum	10-12	100	P	22-28	w-h	L T	MA	Bild 26, Tafel V
Cyrtocara electra	14-16	120	P S	24-26	m-h	L T	Af	Bild 35, Tafel VI Steinaufbauten!
Hemichromis bimaculatus **Roter Buntbarsch**	10-12	100	P a	22-28	w-h	L T	Af	kann sehr ruppig werden!
Julidochromis ornatus **Tanganjika-Buntbarsch**	8-10	80	P S	23-26	m-h	L T	Af	bei Paarhaltung oft sehr unverträglich
Lamprologus brichardi **Prinzessin von Burundi**	8-10	80	P S	23-26	m-h	L T	Af	

Name	Größe der Fische in cm	Beckengröße ab ... cm	Verhalten	Temperatur von ... bis ... °C	Wasserwerte	Ernährung	Herkunft	Besonderheiten
Lamprologus ocellatus **Schneckenbuntbarsch**	3-5	60	P S	23-25	m-h	L T	Af	Bild 34, Tafel VI sehr interessant! Schneckenhäuser!
Melanochromis auratus **Türkisgoldbarsch**	10	80	P S	22-26	m-h	L T	Af	
Nannacara anomala **Glänzender Zwergbuntbarsch**	8	80	P	22-28	w-m	L T	SA	Weibchen bei der Brutpflege sehr aggressiv!
Papiliochromis ramirezi **Schmetterlingsbuntbarsch**	4-5	60	P	23-28	w-m	L T	SA	kurzlebig
Pelvicachromis pulcher **Purpurprachtbuntbarsch**	8-10	60	P	22-28	w-m	L T	Af	empfehlenswerte Art, Bild 29, Tafel V
Pelvicachromis subocellatus **Rotvioletter Prachtbarsch**	8-10	60	P	22-28	w-m	L T	Af	Bild 30, Tafel V
Pseudocrenilabrus multicolor **Kleiner Maulbrüter**	5-6	60	P S	22-28		L T	Af	
Pseudotropheus zebra **Blauer Malawibuntbarsch**	10-12	100	P S	23-26	m-h	L T	Af	Steinaufbauten!
Pterophyllum altum **Skalar**	11-13	100	P S	24-28	w-m	L T	SA	Bild 25, Tafel V
IV. Labyrinthfische								
Belontia signata **Ceylon-Makropode**	12	80	P a	24-28	w-h	L T	As	Bild 54, Tafel IX
Betta splendens **Kampffisch**	7	60	E	24-30	w-m	L T	As	Bild 49, Tafel IX nur 1 ♂ halten!
Colisa fasciata **Gestreifter Fadenfisch**	10	80	P	22-28	w-m	L T	As	Bild 51, Tafel IX

Name	Größe der Fische in cm	Becken-größe ab ... cm	Ver-halten	Temperatur von ... bis ... °C	Wasser-werte	Ernäh-rung	Her-kunft	Besonder-heiten
Colisa lalia **Zwergfadenfisch**	4	50	P	24-28	w-m	L T	As	Bild 50, Tafel IX
Colisa sota **Honiggurami**	3	50	P	24-28	w-m	L T	As	
Macropodus opercularis **Paradiesfisch**	9	80	P	18-28	w-h	L T	As	
Trichogaster leeri **Mosaikfadenfisch**	11	80	P	24-30	w-m	L T	As	Bild 52, Tafel IX
Trichogaster trichopterus **Blauer Fadenfisch**	11	80	P	22-28	w-h	L T	As	
Trichopsis vittatus **Knurrender Gurami**	6	60	P	22-28	w-m	L T	As	Bild 53, Tafel IX
V. Welse								
Ancistrus multispinnis **Antennenwels**	12	80	E	22-28	w-h	G T	SA	Bild 37, Tafel VII guter Algen-fresser!
Corydoras aeneus **Metallpanzerwels**	6	60	S	20-28	w-h	L T	SA	Bild 40, Tafel VII
Corydoras hastatus **Sichelfleckpanzerwels**	3	60	S	22-28	w-m	L T	SA	Bild 46, Tafel VIII
Corydoras melanistius **Schwarzbinden-Panzerwels**	5	60	S	22-28	w-m	L T	SA	Bild 48, Tafel VIII
Corydoras melini **Kopfbindenpanzerwels**	5	60	S	22-28	w-m	L T	SA	Bild 43, Tafel VIII
Corydoras paleatus **Marmorierter Panzer-wels**	5	60	S	18-16	w-h	L T	SA	Bild 47, Tafel VIII
Corydoras pygmaeus **Zwergpanzerwels**	2,5	60	S	22-28	w-m	L T	SA	Bild 45, Tafel VIII
Corydoras reticulatus **Netzpanzerwels**	5	60	S	22-28	w-m	L T	SA	Bild 44, Tafel VIII
Corydoras schulzei **Goldbinden-Panzerwels**	5	60	S	20-28	w-m	L T	SA	Bild 42, Tafel VII
Corydoras trilineatus **Leopard-Panzerwels**	5	60	S	23-28	w-m	L T	SA	Bild 41, Tafel VII
Dianema longibarbis **Schwielenwels**	11	80	E	23-28	w-m	L T	SA	Bild 39, Tafel VII

Name	Größe der Fische in cm	Beckengröße ab ... cm	Verhalten	Temperatur von ... bis ... °C	Wasserwerte	Ernährung	Herkunft	Besonderheiten
Kryptopterus bicirrhis **Indischer Glaswels**	6	80	S	22-28	w-m	L T	As	
Otocinclus affinis **Kleiner Saugwels**	4	60	E	20-26	w-h	G A	SA	Bild 38, Tafel VII
VI. Lebendgebärende Zahnkarpfen								
Heterandria formosa **Zwergkärpfling**	2	40	S	20-28	m-h	LT		am besten für sich halten
Poecilia melanogaster **Jamaika-Kärpfling**	5	60	S	22-28	m-h	A	NA	
Poecilia reticulata **Guppy**	4	50	S	18-28	m-h	L T	SA	Bild 59, Tafel X
Poecilia sphenops **Black Molly**	7	60	S	24-28	m-h	A	NA	nicht zu kalt halten
Poecilia velifera **Segelkärpfling**	10	80	S	24-30	m-h	A	NA	
Xiphophorus helleri **Schwertträger**	10	80	S	22-28	m-h	A	MA	Bild 60, Tafel X
Xiphophorus maculatus **Platy**	4	50	S	20-28	m-h	A	MA	Bild 55, Tafel X
Xiphophorus variatus **Papageienplaty**	6	60	S	22-28	m-h	A	MA	Bild 58, Tafel X
VII. Eierlegende Zahnkarpfen								
Aphyosemion gardneri **Gardners Prachtkärpfling**	7	60	22-26	E S	w-m	L T	Af	am besten im Artenbecken
Aphyosemion australe **»Kap Lopez«**	6	60	21-24	E S	w-m	L T	Af	
Aplocheilus lineatus **Streifenhechtling**	10	80	22-26	E S	w-m	L T	As	Bild 63, Tafel XI Oberflächenfisch
Aplocheilus panchax **Gemeiner Hechtling**	7	60	22-26	E S	w-m	L T	As	Oberflächenfisch
Epiplatys sexfasciatus **Sechsbandhechtling**	9	80	22-28	E S	w-m	L T	Af	

Name	Größe der Fische in cm	Beckengröße ab ... cm	Verhalten	Temperatur von ... bis ... °C	Wasserwerte	Ernährung	Herkunft	Besonderheiten
Jordanella floridae **Floridakärpfling**	6	60	18-24	P S	m-h	A	NA	
VIII. Ähren- und Regenbogenfische								
Bedotia geayi **Madagaskar-Ährenfisch**	10	80	S	22-26	m-h	L T	Af	
Telmatherina ladigesi **Celebes-Sonnenstrahlfisch**	8	80	S	23-28	m-h	L T	As	
Glossolepis incisus **Lachsroter Regenbogenfisch**	15	80	S	22-24	m-h	L T	As	Bild 62, Tafel XI
Melanotaenia macculochi **Zwergregenbogenfisch**	7	60	S	20-25	m-h	L T	Au	
Melanotaenia boesemani **Boesemans Regenbogenfisch**	10	80	S	27-30	w-m	L T	As	
IX. Sonstige								
Brachygobius xanthozona **Goldringelgrundel**	3	50	E S	24-30	m-h	L	As	
Hemieleotris latifasciatus **Breitstreifengrundel**	10	80	E S	22-26	w-h	L T	MA	
Oligolepis acutipennis **Drachenkopfgrundel**	8	60	E	22-26	m-h	L	As	Bild 65, Tafel XI
Tateurdina ocellicauda **Pastellgrundel**	5	60	E S	23-28	w-h	L (T)	As	Bild 64, Tafel XI
Carinotetraodon somphongsi **Kammkugelfisch**	6	80	E	24-28	w-m	L	As	
Tetraodon fluviatilis **Grüner Kugelfisch**	15	80	E	24-28	m-h	L	As	Bild 66, Tafel XI
Dermogenys pusillus **Halbschnabelhecht**	6	60	E S	26-30	w-m	L (T)	As	

Register

Halbfett gedruckte Seitenzahlen weisen auf eine Abbildung hin.